SHENGYU JIANZHU SHICHANG JIANGUAN HE
CHENGXIN GUANLI XINXIHUA JIANSHE
YANJIU YU SHIJIAN

省域建筑市场监管

和

诚信管理信息化建设

研究与实践

薛学轩　著

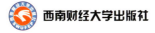
西南财经大学出版社

图书在版编目(CIP)数据

省域建筑市场监管和诚信管理信息化建设研究与实践/ 薛学轩著. —成都:
西南财经大学出版社,2016. 7
ISBN 978 - 7 - 5504 - 2441 - 8

Ⅰ.①省… Ⅱ.①薛… Ⅲ.①省—建筑市场—市场监管—研究—中国②
省—建设市场—信息管理—研究—中国 Ⅳ.①F426.9

中国版本图书馆 CIP 数据核字(2016)第 118372 号

省域建筑市场监管和诚信管理信息化建设研究与实践

Shengyu Jianzhu Shichang Jianguan He Chengxin Guanli Xinxihua Jianshe Yanjiu Yu Shijian

薛学轩 著

责任编辑:何春梅
责任校对:雷 静 王青杰 龚 姝
封面设计:墨创文化
责任印制:封俊川

出版发行	西南财经大学出版社(四川省成都市光华村街55号)
网 址	http://www.bookcj.com
电子邮件	bookcj@foxmail.com
邮政编码	610074
电 话	028 - 87353785 87352368
照 排	四川胜翔数码印务设计有限公司
印 刷	四川新财印务有限公司
成品尺寸	170mm×240mm
印 张	15.5
插 页	16 页
字 数	280 千字
版 次	2016 年 7 月第 1 版
印 次	2016 年 7 月第 1 次印刷
书 号	ISBN 978 - 7 - 5504 - 2441 - 8
定 价	98.00 元

网事如歌

——四川省住房城乡建设信息化纪实

薛学轩　张明建

人类经历了农业革命、工业革命，正在经历信息革命。人工智能、虚拟现实技术、无人控制器、新型传感器等正在崛起……信息技术正以其广泛的渗透性、无与伦比的先进性，引领社会生产新变革，创造人类生活新空间，成为经济发展新动力。四川省住房和城乡建设厅紧贴发展大势，聚焦重点工作，全面推进信息化建设，开发运行了 152 个应用系统，在"互联网＋"的浪潮下，一"网"无前，网事如歌。

她在院士叫好中嘹亮。

2014 年 6 月，中国工程院院士崔俊芝、刘先林在考察"四川省工程建设领域项目信息和信用信息公开共享平台"后，为之叫好，赞扬"该平台设计合理，数据同源、系统共生，省市县三级联动，达到国内先进水平"。

她在国考验收中靓丽。

2014 年 12 月 4 日，"网事"好运来，四川拔"头彩"。全国首个省级住房和城乡建筑市场监管与诚信一体化工作平台在四川通过住房和城乡建设部验收，原副部长王宁点赞："四川做了一件十分有意义的事情。"

2016 年 4 月 1 日，四川省数字化城市管理平台通过中国城市科学研究会数字城管专家组验收。全国数字化城管专家组副组长郝力点赞："四川建成全国首个省级数字城管平台，标志着四川省向城市管理数字化、精细化、智慧化迈出了关键性一步。"

她在获奖掌声中升华。

2015 年的春天，四川建设信息化成绩斐然。"四川省工程建设领域项目信息公开和诚信体系管理信息平台"荣获四川省科学技术进步二等奖，受到省委、省政府的表彰；时至金秋，"四川省城市环境综合治理数字化监管平台"荣获部级优秀工程金奖，在北京受到表彰。

这些荣誉的背后是什么？

是实力！是活力！是魅力！

"三力"激发四川住房和城乡建设领域"互联网+"的核动力。

她抢占先机，建成全国首个省级建筑市场监管与诚信一体化平台，建成全国首个省级数字化城市管理平台。

她珠联璧合，建成统帅全省，纵向到底、横向到边，省市县通用的住房城乡建设信息平台，达成"数据一个库、管理一张网、监管一条线、呈现一张图"的建设成果。

她显山露水，先后在洛阳、成都、哈尔滨、呼和浩特举行的全国数字化城管会议上出彩，起到了很好的示范引领作用。

它在挑战中突破，在跨越中飞跃，在特色中灿烂。

那引人入胜的让百姓少跑腿、信息多跑路，解决群众办事难、办事慢、办事繁的四川建设电子政务平台；那浩如烟海的全省统一的从业企业、从业人员、工程项目、市场行为、城市管理、房地产市场、建筑能耗、地下管线和公共资源9大基础数据库；那特色鲜明的四川建设微博、微信、微门户；那涵盖全省各市（州）、县（区、市）的145个工程建设领域项目信息和信用信息公开专栏，资源深度融合，信息互联互通，组成四川建设信息化的网络航母，浩荡起航，乘风破浪。

一个个系统，一套套平台，一行行数据，一条条信息，涵盖全省住房和城乡建设系统的主要业务，既为主管部门实施行政审批、市场监管、网上办公、信息发布、统计分析等提供政务平台，又为从业企业和从业人员网上申报、网上查询、网上咨询等提供服务平台；既为政府、社会、企业交流沟通搭建了信息交互平台，又为推广新技术、新材料、新工艺、新设备提供了展示平台；还为数字房产、数字城管、地下管线、数字规划、智慧社区、智慧景区搭建"英雄用武"之舞台。

于是，一首首美妙动听的"网事之歌"，在四川省住房和城乡建设的伟大事业中激越唱响。

这行云流水的歌声中，"人本之歌""数据之歌""应用之歌"和"保障之歌"最是扣人心弦，暖人心扉。

"人本之歌"荡气回肠

信息化的浪潮扑面而来，汹涌澎湃，不可抵挡地让人们进入移动互联网时代。但无论"互联网+"的终端是什么，最终"+"的都是人，都要贯彻以人民为中心的发展思想，都要以服务于人民为最终目标。

四川建设信息化把以人为本作为发展之魂，运用互联网技术架起政府与群众的联心桥，网聚民众，活力迸发。

从四川省住房和城乡建设厅门户网站（http：//www.scjst.gov.cn）每天20多万人次访问量的盛况中，足见其人气之旺、用户之多、网事之兴。

穿越时空，天地呼应。让我们把镜头拉向四川建设大数据中心，聚焦火热的信息化应用现场。

鼠标轻点，打开建筑市场监管与诚信一体化平台，全省16万多个工程建设项目悉数呈现在屏幕上。选择任一项目，从空间位置到五方责任主体，从技术人员到特种设备等信息应有尽有，一览无遗。

在政务服务中心，全省各级主管部门应用住房和城乡建设电子政务平台，实施14类从业企业的资质审核审批、16类从业人员的资格办理、10类省外入川企业的信息报送、工程建设12个主要环节的监管服务。截至目前，全省应用该电子政务平台已办理行政许可事项719 688件、非行政审批事项2 654 972件（其中办理从业企业业务207 247件，从业人员业务3 055 255件，工程项目业务112 158个），数据网上跑、群众少走路已成现实。

在网上办事大厅，全省从业企业进入"我要办""我要查""我要问""我要看"等系统，企业资质、人员资格、勘察报告、设计报告、施工图审查、招标文件备案、中标备案、施工许可、质量安全监督、合同备案、竣工验收、培训报名、证书制作和信息查询等服务一键搞定，线上与线下有机结合，政府与群众紧密相连，既为企业"松了绑"，为群众"解了绊"，也为廉政"强了身"。

全省13个智慧城市、11个智慧社区试点，在巴蜀大地如火如荼地展开，智慧之花在人们心田绽放，服务主体与服务对象一线相连，万事无忧，商品配送、智能安防、医疗保障、智能家居、家政服务……匹配供需，有求必应。人们坐在家里，足不出户，尽享现代信息化服务，方便感油然而生。

鼠标动动，万事畅通，工作因信息化而便捷，生活因信息化而丰富，人们感到前所未有的便利。

其中，感觉最为欣悦的是攀枝花市力宏建筑公司董事长胡震。2015年年底，他申请创办一家建筑施工企业。如果按过去的程序办理，从攀枝花到成都，来来往往最少要跑上两三个月。而有了四川省住房和城乡建设电子政务平台的快捷服务，他足不出户，一两天就办成了，真是又省心又省钱。

胡震的故事是四川建设信息化以人为本的一个缩影。

"数据之歌"出神入化

数据是最具生命力和延续性的资源和财富。四川建设信息化的专家说，数据只有在信息系统应用中产生才有生命力，只有在信息平台运行中集聚才能可持续，只有在深度挖掘与关联分析中才能实现真正的价值。

如何开启大数据时代？四川建设信息化从"小"抓起，向"大"迈进。

从集聚数据到激活数据，从挖掘数据到分析数据，从精雕细琢数据到真正用好数据。

或数据采集与网上办事紧密结合，保证数据的全面性。

或数据核准与行政审批紧密结合，保证数据的真实性。

或数据完善与市场监管紧密结合，保证数据的动态性。

或数据应用与项目建设紧密结合，保证数据的关联性。

如此"四个结合"，犹如四曲欢腾跳跃的旋律，让四川建设大数据热烈奔放，活力无限。

动态的城市管理数据，全面记录着全省197类城市管理部件事件问题，描述着城市治理的重点和难点，她是实现城市管理数字化、精细化、智慧化的重要资源，她让明天的城市生活更美好。

鲜活的房地产市场数据，实时展示着全省房地产开发，预售许可办理，商品房、存量房买卖，房屋产权管理等信息，她为宏观决策、政策制定，为全省房地产市场的健康发展，提供着不可或缺的数据支撑。

实时的建筑能耗数据，实现着公共建筑用能情况的计量与监测，建筑能耗基线的确立与重点用能建筑的识别，保障着全省建筑能耗的审计与公示、建筑节能体系的建立与运行，她承载了节约资源、美化环境、绿色发展的重任。

丰富的地下管线数据，服务着地下管网的建设规划、运营监管、环境监测、突发事件处理、市政工程建设等工作的开展，她是提升地下管线应急防灾能力的核心，是保障城镇生命线安全运行的关键。

数以亿计、正呈几何级增长的基础数据，在全省统一的从业企业、从业人员、工程项目、市场行为、城市管理、房地产市场、建筑能耗、地下管线和公共资源9大基础数据库中，为巴蜀信息化发展发挥作用，她实时纵向汇聚与传递、横向交互与共享，一个用数据说话、用数据管理、用数据决策、用数据创新的四川省住房和城乡建设管理新机制呼之欲出。

这些各显神通的数据，其动力、活力、功力和魅力，在空间信息技术多维应用中崭露头角。空间信息技术以其强大的功能，使四川建设信息化如鱼得水，亮点纷呈。正是空间信息技术的多维应用，形成了四川建设管理信息系统与空间信息系统深度融合的新格局，实现了管理对象的空间定位、位置分析、专题展示和综合呈现，谱写了四川建设信息化的华丽篇章。

"应用之歌"引人入胜

这是一首赞歌，倍受各方称赞。

这是一首欢歌，用户皆大欢喜。

这是一首情歌，功能一"网"情深。

这是对"应用之歌"的真实写照，其最出彩的是在这样两大场合：

一是在 2012 年全国住房和城乡领域应用软件测评中，"四川省工程建设领域项目信息和信用信息公开共享平台"被表彰为"全国住房城乡建设领域优秀应用软件"，同时被列为"住房和城乡建设部科学技术计划项目示范工程"。

二是在 2014 年中国软件测评中心的政府网站评估中，"四川省工程建设领域项目信息公开和诚信体系管理信息平台运行成果"，被编入《政府信息公开优秀案例》。《中国建设报》《中国科技》《中国建设信息化》《四川建筑》等报刊，以及中国政府网、中国网、新华网、新浪网、中国日报网等众多媒体先后报道四川建设信息化取得的丰硕成果。

其实，四川建设信息化更多的应用成果，生动地展现在巴山蜀水的广阔天地间。

无论是在雪域高原的藏区彝寨，还是在边远的贫困山区；无论是在惊涛拍岸的金沙江畔，还是在广袤富饶的成都平原，应用四川建设信息化成果，实现"云"与"端"相连，全省工程项目、从业企业、从业人员、城乡规划、城市管理、房地产市场、建筑能耗、地下管线等数据实时呈现，"一站式"地理信息服务 24 小时不间断共享。

在灾后重建中，应用四川建设信息化建设成果，主管部门实时发布"512"汶川地震、"420"芦山地震灾后重建的项目计划、形象进度、工程质量、施工安全、参建单位信用等信息，提供了决策支持，丰富了监管手段，提高了工程质量，助力抗震救灾和灾后重建任务出色完成。

在工程管理中，应用四川建设信息化成果，实现全省在建工地施工安全、监理人员在位、起重设备状态、施工人员上岗等情况的可视化管理，创新了监管方式，实现了全省工程建设项目从程序监管向过程监管、向现场监管的转变，如此使得施工现场可视化、"两场"联动信息化，倍受各方青睐。

在城市规划中，应用四川建设信息化成果，把城市建设总体规划、土地利用规划、生态环境规划、经济与社会发展规划等，叠加在建项目模型、规划设计模型，实现城市规划的合理性、规范性、美观性，确立现代化城市形态、高端化城市业态、特色化城市文态、优美化城市生态。于是，一个个产业之城、一个个大美之城，崛起在巴蜀大地，矗立在中国西部。

在现代化办公中，应用四川建设信息化成果，实现住房和城乡建设厅公文办理无纸化，全省住房和城乡建设系统公文交换网络化、工作会议视频化，革新了办公方式，提高了行政效能，降低了行政成本。办文流程烦琐、公文长途旅行，"开会两小时，路上跑两天"的现象，在四川住房和城乡建设系统已成过去。

四川建设信息化在全省百万安居工程、新型城镇化建设、建筑业转型升级中，在住房和城乡建设又好又快发展中，在推进四川"两个跨越"的伟大征程中，正发挥着不可替代的作用！

好事传千里，网信连天下。四川建设信息化网事如歌，好评如潮，考察与参观者纷至沓来，两年来先后有16个省（市、区）的同仁们高兴而来、满意而归。

"保障之歌"热情奔放

丹桂飘香的2015年8月，省委书记王东明率领省委省政府领导莅临四川省政务服务中心调研行政审批工作。在住房和城乡建设厅窗口，王东明仔细询问行政审批事项办理、在线服务等工作运行流程，查看窗口工作人员应用省市县通用的住房和城乡建设行政审批信息平台，办理企业资质、人员资格操作，赞扬"住房和城乡建设厅信息化搞得好"。

生机盎然的2016年3月，省委常委、省纪委书记王雁飞等领导，莅临住房和城乡建设厅调研行政权力网上运行、工程建设领域项目信息和信用信息公开等预防腐败工作。他听取工作汇报，查看信息系统应用演示，赞扬"住房和城乡建设厅盯紧权力运行，创新监督方式做得很好，要在这现场开会"。

万物丰茂的2016年6月，副省长杨洪波等领导，来住房和城乡建设厅调研全省住房和城乡建设系统信息化工作，在大屏幕展示厅、多功能厅、数据中心，他通过远程视频图像、实时生成的数据、生动直观的图表、信息中心的汇报、平台功能的演示……多维度了解全省建筑市场监管、房地产市场运行、城市管理、工程项目建设、信息技术应用等情况，赞扬"住建系统信息化紧贴发展大势，聚焦中心工作，服务功能完善，在某些方面开创了行业信息化先河，推进了全省建设事业发展"。

句句赞扬话，背后多故事。

故事的背后是什么？

是领导信息化建设的人，是高唱"网事如歌"的人，是勇于创新、开拓奋进的人！

他们是四川建设之人，是住房和城乡建设厅领导"班子"之人，而领头之人则是厅党组书记、厅长何健。

什么是领导？在何健看来，领导就是服务，就是要唱好保障之歌！

正是如此，何健带领党组"一班人"对信息化建设既把脉定向，科学谋划，又攻坚克难，突破瓶颈；既抓点带面，融合发展，又保驾护航，推波助澜，谱写了一首首激昂奋进的"保障之歌"。

"保障之歌"在面临"死机"的状态下唱响。信息化建设在该厅的发展并非一番风顺。起步之初，一些同志不仅思想认识不到位，而且落实不得力。何健对症下药，从"一把手"抓起，要求大家在思想认识、管理方式和工作作风上来一场大变革，尽快与"互联网+"接上"轨"，做到同频共振，知行合一。他既科学谋划，运筹帷幄，狠抓落实，推动应用；又带头学带头用，组织建立运行机制，加强过程管理，实行督办约谈，把信息化建设和信息化应用纳入年度目标考核，用新理念开启新局面，打通信息化应用"最后一公里"，解决应用环节出现的"死机"问题。

"保障之歌"在面临"孤岛"的状态下悠扬。何健针对过去信息化建设出现的各自为政、重复建设、信息孤岛等问题，从抓标准统一、平台统建、信息同享入手，实现资源整合与数据共享；编制《四川省住房和城乡建设事业信息化5年规划》，明确行业信息化建设的指导思想和基本原则、主要任务和重点项目、实施步骤和保障措施，引领全省住房和城乡建设系统信息化发展；发布《四川省工程建设从业企业资源信息数据标准》《四川省工程建设从业人员资源信息数据标准》《四川省房屋建筑与市政基础设施建设项目管理基础数据标准》3部四川地方标准，为全省住房和城乡建设系统信息化建设提供遵循，使各地各部门信息化建设标准统一、系统共生、数据同源，形成数据生产、数据加工、数据管理、数据服务的清晰链条，实现信息采集、组织、分类、保存、发布与使用等环节的标准化、规范化，为信息资源的一致性和技术平台的互联互通提供保证。

"保障之歌"在面临"断层"的状态下激昂。何健注重统筹规划，协调发展，推出"四个结合"的举措，即：信息化建设与服务行业发展相结合，紧贴发展大势，聚焦中心工作，为新型城镇化建设和做大做强建筑业提供信息化支撑；全面推进与重点突破相结合，确定每年信息化工作重点，年年形成信息化建设成果；加快建设与深化应用相结合，以应用促建设，在应用中实现功能、发挥作用；规划引领与完善机制相结合，建立信息化建设与应用目标责任制，在规划框架内开发应用系统，确保建设一个应用一个，有序推进行业信息化建设。

"保障之歌"在面对基层"短板"中奔放。当初，四川建设信息化在基层存在着"资金投入难、信息共享难、技术保障难"等问题，严重制约着行业信息化的发展。何健提出"统一规划，统一标准，分步实施，持续建设"的方针，确立"三大理念"，化解"三大难题"。一是确立系统共生、数据同源的理念，建设全省统一的省、市（州）、县（区、市）通用的四川建设软件，省厅统一开发、集中部署，各地无偿使用，实行物理集中，逻辑分散，破解资金投入难的问题；二是确立规划先行、标准统一的理念，制定四川建设信息化发展规划、技术标准和技术导则，建设行业大数据中心，破解信息共享难的问题；三是确立需求导向、服务为本的理念，开发易操作、功能强、用户体验好的应用系统，实现平台上移，服务下移，开展技术培训，加强网络保护，保障软件运行稳定，数据安全可靠，破解技术保障难的问题。

"保障之歌"伴随着"网事如歌"，威武雄壮地唱响在巴山蜀水间……

前　言

　　党的十八大报告指出："坚持走中国特色新型工业化、信息化、城镇化、农业现化化道路，推动信息化和工业化深度融合、工业化和城镇化良性互动、城镇化和农业现代化相互协调，促进工业化、信息化、城镇化和农业现代化同步发展。"从社会发展史看，人类经历了农业革命、工业革命，正在经历信息革命，信息化已经覆盖国民经济的所有行业，成为推动国民经济和社会发展的助力器。建筑业是国民经济的重要物质生产部门，是拉动国民经济快速增长的重要力量，其增加值一直占国内生产总值的7.0%左右。建筑业与整个国家经济的发展、人民生活的改善有着密切的关系。2015年，我国城镇化率达到56.10%，未来50年，中国城市化率将提高到76%以上，城市对整个国民经济的贡献率将达到95%以上。都市圈、城市群、城市带和中心城市的发展，预示着中国城市化进程的高速起飞，也预示着更广阔的建筑市场即将到来。

　　建筑市场是进行建筑商品和相关要素交换的市场，是固定资产投资转化为建筑产品的交易场所。四川省是建筑业大省，始终坚持把建筑市场监管信息化作为转变监管思路、完善监管手段、提高服务质量的重要工作，依照国家法律法规，出台10多个规范性文件，发布3部四川省地方标准，应用工作流、GIS、GPS、视频监控、SCADA、数据挖掘、云计算等前沿信息化技术，建设运行152个管理信息系统，推进全省统一的工程建设从业企业、从业人员、工程项目、市场行为等基础数据库建设，推进建筑市场监管信息化与诚信体系建设，在全国第一个建成省级建筑市场和工程质量安全监管一体化工作平台，动态记录工程项目各方主体市场和现场行为，实现项目全覆盖、管理全过程、部门全参与、服务全方位的目标，形成时时有监控、处处有提醒、过程有留痕的监管机制，形成各部门监管合力，有效实现建筑市场和施工现场的两场联动；通过住房和城乡建设厅门户网站、移动客户端、微信公众号、微博等媒体，实时向社会发布行政审批、工程建设过程监管、执法处罚等信息，公开曝光各类市场主体和人员的不良行为信息，形成有效的社会监督机制；开展工程建设企业和从业人员的建筑市场和质量安全行为评价，建立"守信激励、失信惩戒"的建筑市场信用环境；实现资质资格许可、动态监管、信用管理等各环节的联动，维护统一、规范、公开、有序的建筑市场秩序；形成全省统一的以工程项目为主线、从业企业为主体、从业人员为基础、质量安全为重点、信用评价为手段，系统共生、数据同源、标准统一、资源共享的建筑市场监管信息化平台；实现各类信息的实时纵向汇聚与传递、横向交换与共享，形成"管理一条线、监管一张网、数据一个库、呈现一张图"的建筑市场监管信息化建设成果，促进建筑业健康协调可持续发展，保障建设工程质量安全，提升工程建设水平。

本书通过总结和分析四川省住房和城乡建设系统信息化建设的经验和做法，研究省域建筑市场监管平台建设的设计思想、总体结构、系统架构、网络结构、数据库结构、数据仓库、数据交互、对外共享、技术路线、新技术应用、在线监测和软硬件环境等问题，促进数据资源互联互通和开放共享，建立用数据说话、用数据决策、用数据管理、用数据创新的建筑市场监管新机制，实现群众办事便捷化、行政审批电子化、项目监管网络化、施工现场可视化、信用评价标准化、信息公开全程化，为全省住房和城乡建设事业科学发展提供信息化保障。全书共分为八章。第一章概述，分析了建筑市场监管平台的建设方法、实施策略和创新点等内容；第二章业务需求，包括建筑市场监管范围、建设工程项目监管要求等方面的内容；第三章关键技术，介绍了建筑市场监管平台的工作流技术、数据管理技术、报表引擎技术等；第四章基础平台设计，包括设计思想、系统总体结构、网络结构设计等方面的内容；第五章，基于物联网的施工现场在线监测系统设计；第六章，基于视联网的远程可视化监管平台设计；第七章成果示范，从项目监管、企业资质、人员资格等方面阐述了建筑市场监管平台的研究成果；第八章，对建筑市场监管平台的思考。

感谢四川省金科成地理信息技术有限公司、成都大匠通科技有限公司、浙江大华技术股份有限公司、四川创思奇科技有限公司、成都金阵列科技有限公司、北京世纪速码信息科技有限公司等单位和冉先进、魏军林、温敏、叶青、蒋雪冬、程维杰、鄢府、曾宏亮、曹振声等同志为本书提供相关技术资料。

由于时间仓促，加之笔者水平有限，书中难免存在不足和问题，敬请广大读者批评指正，提出宝贵的意见和建议。

薛学轩

目　录

第一章　概述

第一节　引言

　　建筑业是专门从事土木工程、房屋建设、设备安装以及工程勘察设计工作的生产部门。其产品是各种工厂、矿井、铁路、桥梁、港口、道路、管线、住宅以及公共设施的建筑物、构筑物和设施。建筑业作为国民经济的物质生产部门，在社会经济发展中具有不可替代的作用。改革开放 30 多年以来，我国建筑业得到高速发展，在国民经济中的支柱产业地位不断加强，在推动我国工业化和城镇化进程中扮演了重要角色，在吸纳就业方面功不可没。在国民经济总量大幅度提升的情况下，建筑业增加值占国内生产总值的比重一直保持在 7% 左右，2015 年全国建筑业增加值 46 456 亿元，占比 GDP 比重达 6.86%；2015 年国内生产总值 676 708 亿元，全国建筑业总产值达到 180 757 亿元，占 GDP 近 27%。截至 2015 年年底，全国有施工活动的建筑业企业 80 911 个，从业人数 5 003.40 万人，促进了国发经济的快速增长，解决了 4 000 余万农民工的就业问题，保障了我国城镇化进程与人民群众安居，成为吸纳农村转移人口就业、推进新型城镇化建设和维护社会稳定的重要产业。按每个建筑职工供养 2 人计算，建筑业为 1.5 亿多人提供了生活来源。同时，建筑业在相关的上下游产业，包括钢铁、水泥、机械设备制造、家具、家用电器、相关的研发、咨询服务以及各类新型建材产业的发展中，还具有重要的拉动和辐射作用。

　　建筑业在发展过程中，存在着行业资本含量低、技术含量低、队伍素质低、行业效益差等诸多不容忽视的问题。建筑业发展很大程度上仍然依赖于高速增长的固定资产投资，发展模式粗放，工业化、信息化、标准化水平偏低，管理手段落后；企业经营机制、管理方式和理念不适应经济发展新常态需要；大多数企业没有建立或者完全建立企业管理制度，缺乏长远发展规划，对科技创新、技术进步不够重视，人才储备培养不足，核心竞争力较弱；每年有数百万农民放下镰刀拿起瓦刀涌入建筑业，一线操作人员技术素质低，行业技术管理人员少，建筑业技术人员占建筑职工总数的比率仅为 4.59%；市场行为不规范，诚信体系不完善，虚假投标、围标串标、违法发包、工程转包、违法分包以及不诚信等问题不同程度存在，扰乱了正常的建筑市场秩序，严重危及工程质量安全；人才队伍不足，缺乏发展后劲，众多中小企业经营管理人才、中级以上职称的专业技术人员和一线高级技术工人严重不足。

"十三五"时期是全面建设小康社会的决胜阶段，是深化改革、调整结构的关键时期。我国在全面建成小康社会的基础上，经济将保持中高速增长，到 2020 年国内生产总值和城乡人居收入要比 2010 年翻一番。据经济学家预测，中国的经济总量将在 2020 年前后超越美国成为世界第一大经济体，2050 年前后占世界经济总量的约 1/3。届时，中国将引领世界城市规划建设发展方向。"十三五"期间，我国将全面部署实施"一带一路"战略，实施欧亚一体化和亚太一体化，"一带一路"沿线有 44 亿人口，26 个国家地区，21 万亿美元的经济规模，基础投资将继续维持在高位；长江经济带、京津冀一体化、支持东北振兴、推动长江经济带发展等一批国家层面的发展战略，将带来大量的区域性基础设施建设的投资；快速发展的新型城镇化，正成为我国经济增长和社会发展的强大引擎，带动新一轮投资热潮，建筑产业是城市群建设和新型城镇化发展的具体实施者；以城镇化建设、轨道交通建设、棚户区改造工程、大型水利水电工程，以海绵城市建设、地下管廊和城乡危旧房改造及新农村建设等为代表的新一轮城乡基础设施建设改造将全面展开……这些都将给建筑产业带来远大的发展前景和新的发展机遇。

党的十八大明确提出，要坚持走中国特色新型工业化、信息化、城镇化、农业现代化道路，推动信息化和工业化深度融合、工业化和城镇化良性互动、城镇化和农业现代化相互协调，促进工业化、信息化、城镇化、农业现代化同步发展。按照中央关于"两个一百年"的宏伟目标，建筑业在全面建成小康社会、实现中华民族伟大复兴的中国梦中责任重大，将迎来一个以国内市场为主，转向国际、国内市场并重的新发展格局，必须加快转型发展，实现建筑工业化与信息化的深度融合。信息化是最富创新性、最具创造力和生命力的元素。信息技术正以其广泛的渗透性和无与伦比的先进性与传统产业结合，改变着社会的生产方式和思维方式以及人们的工作方式和生活方式。BIM、移动应用、智能硬件、物联网、云计算和大数据等信息技术应用的信息化浪潮，正在扑面而来，移动互联网、智能终端、新型传感器正在快速渗透到地球的每一个角落，人工智能、虚拟现实技术、无人控制器、新型传感器等正在崛起，在人人有终端、物物可传感、处处可上网、时时在联接的万物互联的大势下，大数据技术对建筑产业的深刻广泛影响已悄然而至，那就是 BIM 技术，覆盖勘察、设计、施工、运维等过程，主要包括三维设计可视、专业协同、三维分析模拟、工程成本预测、绿色建筑等应用。BIM 技术中关于冲突检测、绿色建筑、成本与进度管理、安全质量管理、供应链管理、运营维护等关键技术的广泛应用，已经开始产生促进建筑业技术升级、降低材料和能耗、提升信息化水平、促进工厂化装配式建筑发展、促进建筑产业全产业链发展的效果。

随着信息技术的突破发展，云计算、大数据、互联网、物联网、个人电脑、移动终端、可穿戴设备、传感器及各种形式的软件等信息基础设施正在不断完善，在"云（云计算）+网（互联网）+端（智能终端）"的信息传导模式下，信息化是住房城乡建设事业科学发展，建筑产业转型升级，实现建筑产业现代化的必然选择。建筑业信息化是国民经济信息化的基础之一。建筑业信息化是指运用信息技术，特别是计算机技术、网络技术、通信技术、控制技术、系统集成技术和信息安全技术等，改造和提升建筑业技术手段和生产组织方式，提高建筑企业经营管理水平和核心竞争能力，提高建筑业主管部门的管理、决策和服务水平。建筑业属于传统产业，用信息化等高新技术改造传统产业，是传统产业持续发展的必由之路，是建筑业实现跨越式发展的重要途径。

针对建筑业参与对象众多、人员素质参差不齐、安全风险点较多、施工地点分散、工程项目建设管理多头、难以形成联动监管与服务机制等特点，将现代信息技术广泛应用于建筑市场监管、群众办事、为民服务、行政审批、行政处罚、资信评估、勘察设计、工程项目管理、质量安全监督等方面，以信息系统为载体，以大数据为支撑，通过减少材料，简化审查内容，优化审批流程，实现申请材料、审批过程信息化，推进企业资质和人员资格证书电子化，建立高效、透明、便捷的电子审批平台和基础数据库，形成用数据说话、用数据决策、用数据管理、用数据创新的新机制；创新和改进政府对建筑市场、质量安全的监督管理机制，建立和完善建筑市场监管和信用管理信息平台，实现各级建设行政主管部门对建筑市场各环节的一体化联动监管，将工程现场与招投标、施工许可、资质管理相结合，动态记录工程项目各方主体市场和现场行为，构建透明公开、公平规范的市场竞争环境；建立企业、人员、项目和信用评价关联机制，把信用评价结果应用于工程招投标等市场环节，引导企业管理从重资质向重信用转变……是住房城乡建设信息化建设的重要内容。

为了推进建筑业发展和改革，保障工程质量安全，提升工程建设水平，针对当前建筑市场和工程建设管理中存在的突出问题，2014 年 7 月，住房城乡建设部印发《关于推进建筑业发展和改革的若干意见》，发布《全国建筑市场监管与诚信信息系统基础数据库数据标准（试行）》《全国建筑市场监管与诚信信息系统基础数据库管理办法（试行）》。2014 年 9 月，住房城乡建设部召开全国工程质量治理两年行动电视电话会议，印发《工程质量治理两年行动方案》（下简称"两年行动方案"），强调在 2015 年年底前，分 3 批全面完成全国 31 个省级建筑市场监管与诚信一体化工作平台建设，动态记录工程项目各方主体市场和现场行为，有效实现建筑市场和施工现场监管的联动，全面实现全国建筑市场"数据一个库、监管一张网、管理一条线"的信息化监管目标。

四川省住房和城乡建设厅根据住房城乡建设部要求，充分应用已形成的信息化成果，在全国率先建成四川省建筑市场监管与诚信一体化工作平台，2014 年 12 月 4 日，通过住房城乡建设部的验收，成为全国第一个建成省级建筑市场监管与诚信一体化工作平台的省份。该平台由资质管理、资格管理、工程项目管理、信用评价、行政执法管理和综合信息查询等 6 大平台，数据共享交换、数据标准、信息安全 3 大体系，从业企业、从业人员、工程项目、信用评价和公共资源 5 大基础数据库构成，解决了数据多头采集、重复录入、真实性核实、项目数据缺失、市场监管与行政审批脱离、"市场与现场"联动不畅等问题，保证了数据的全面性、真实性、关联性和动态性。

四川省建筑市场监管与诚信一体化工作平台具有 3 个特点：一是覆盖面广。该平台覆盖全省住房城乡建设厅、21 个市（州）、183 个县（市、区）住房和城乡建设主管部门的主要业务，既避免了地方各自为政、重复建设等现象发生，又解决了县（市、区）信息技术人才缺乏、系统运行维护难以持续等问题；覆盖了工程项目建设全流程，实时采集工程项目立项、招投标、施工图审查、施工许可、合同备案、工程质量安全监管、竣工验收等各个环节的信息，实现了工程项目建设从程序监管向过程监管、现场监管的转变。二是功能强大。该平台集全省住房城乡建设业务网上办事、网上审批、项目管理、市场监管、信用评价、咨询服务、信息发布等应用于一体，实时采集建筑市场的基础信息、动态信息、关联信息，实现省、市（州）、县（区）主管部门对工程项目建设、从业企业、从业人员、信用评价管理服务的纵向到底、横向到边的信息联动；实现了全省工程项目、从业企业、从业人员及信用信息的实时纵向汇聚与传递、横向交换与共享。三是应用广泛。省、市（州）、县（区）住房城乡建设主管部门应用该平台，办理资质资格审核审批，施工图审查、施工许可、项目管理、市场监管、信用评价、统计分析、文件发送等业务，实时生成和完善企业、人员、工程项目和市场行为等数据，实时查看项目建设的基本情况和各阶段工作进程，构建多层次的沟通交流平台，增强工作的及时性和有效性，提高行政效能和服务水平。从业企业和从业人员应用该平台，办理资质资格、项目登记、勘察设计施工图申报、施工图报送、施工图报告备案、合同备案、业绩备案、施工许可、信息查询、教育培训和咨询交流等业务，丰富用户体验，提高办事效率。

第二节　建设进程

四川省住房和城乡建设厅认真贯彻国家和省信息化建设的一系列指示，坚持规划先行，加强顶层设计，强化信息共享，突出建设效能，强化网络与信息安全保障，秉承以规划为引领、以需求为导向、以标准为规范，以应用促开发的理念，扎实推进行业信息化建设，经过建设平台、深化应用、数据整合等三个阶段的发展，走出了一条从省到市、从点到面，以统一标准和统一平台为基础，以网上办事促进行业信息收集，以行业信息资源服务推进行业管理信息化应用，逐步深入、持续推进、滚动发展的信息化建设之路。

第一阶段：建设基础平台

信息化是国家战略。通过信息化实现办公效率提升和对市场主体全过程监管服务，是住房和城乡建设科学发展的重要保障之一。2006 以来，四川省住房和城乡建设厅结合全省住房城乡建设实际，按照统一规划设计，统一数据标准，充分整合资源，实现信息共享的原则，基于住房和城乡建设厅门户网站，大力开展住房和城乡建设系统信息化平台建设，先后开发 152 个管理信息系统，建成全省统一的住房和城乡建设行政审批、网上办事、数字城管、能耗监测、网上办公、视频会议、市场监管、勘察设计、个人住房、项目管理、质量管理、安全管理、职称评审、教育培训、服务咨询等信息平台，并形成开放性、便捷性、智能化等特点。在开放性上，通过多种技术手段为住建部、同级部门、下级单位、从业企业、从业人员提供应用服务，提供多种接口供第三方系统调用和集成；在便捷性上，从台式机延展到移动设备，便于现场办公和监管，扩大信息的采集面，提高系统的实用性；在智能化上，从业务办理和数据查询向数据挖掘和规律分析深化，实现潜在问题的发现和过滤，强化预见性管理。主要实现 5 大功能：

一是全省各级住房和城乡建设主管部门，应用该信息化平台办理各类行政许可事项、备案登记事项的审核、审批、公示、通告、证书、查询、统计、分析、项目管理、业绩认定、市场监管等业务；

二是全省建筑施工、勘察、设计、工程监理、招标代理机构、房地产开发、园林绿化、设计施工一体化、检测机构、物业服务、房地产估价机构、规划编制单位、造价咨询机构、施工图审查机构等 14 类省内企业以及 13 类省外入川企业，应用该信息化平台办理资质新办、升级、增项、变更、延期、查询、咨询、监督复查，项目管理、业绩备案、备案登记等业务；

三是全省注册建造师（员）、监理从业人员、造价从业人员、注册建筑师、注册结构工程师、注册勘察设计工程师、注册规划师、注册房地产估价师、技术职称人员、三类人员、特种作业人员、检测人员、专业技术管理人员（9 大员）、物管人员、生产操作人员、企业主要负责人等 16 类人员，应用该信息化平台办理从业人员的初始注册、续期注册、变更注册、教育培训、办证、换证、查询、咨询、项目管理等业务；

四是全省各级住房和城乡建设行政主管部门和建设单位，应用信息化平台办理工程项目招标投标、合同备案、施工图审查、施工许可、质量监督、安全生产监督、竣工验收备案等业务，实时采集和报送工程规模、工程造价、参建企业以及与项目有关的主要管理、技术人员等信息；

五是行政许可相对人应用信息化平台，从办事资料提交到证书领取的全程网上办理，工程项目、从业企业、从业人员数据在审批过程中共享互通，全省工程建设项目的网上办理和市场监管，形成从业企业、从业人员、工程项目、市场行为、城市管理、公共资源 6 大基础数据库，为全省住房和城乡建设事业科学发展提供了有效的信息技术支撑。

第二阶段：深化业务应用

2009 年 7 月，中共中央办公厅、国务院办公厅印发《关于开展工程建设领域突出问题专项治理工作的意见》（中办发〔2009〕27 号），中央治理工程建设领域突出问题工作领导小组办公室印发《工程建设领域突出问题专项治理工作实施方案》（中治工发〔2009〕2 号）和《推进工程建设领域项目信息公开和诚信体系建设工作指导意见》（中治工发〔2009〕9 号）；2010 年 3 月，中央治理工程建设领域突出问题工作领导小组办公室印发《工程建设领域项目信息公开和诚信体系建设试点工作方案》（中治工办发〔2010〕1 号），明确工程建设领域项目信息公开基本指导目录（试行）、工程建设领域信用信息基本指导目录（试行）、工程建设领域项目信息和信用信息公开共享规范（试行），四川省被列为工程建设领域项目信息公开和诚信体系建设试点省。

2010年4月，为落实中央和省治理工程建设领域突出问题工作，领导小组办公室要求，解决全省工程建设领域建设项目信息公开不规范、不透明、市场准入和退出机制不健全以及信用缺失等问题，建立守信激励和失信惩戒制度。四川省住房和城乡建设厅从深化思想认识入手，坚持多措并举，建立工作协调和推进机制，深化住房城乡建设信息化平台应用，全面启动工程建设领域项目信息公开和诚信体系信息化建设。

一是成立领导小组。成立由住房和城乡建设厅厅长任组长，分管副厅长和省纪委驻厅纪检组组长任副组长，机关处室和相关厅直单位主要负责同志为成员的工程建设领域项目信息公开和诚信体系建设工作领导小组，负责全省工程建设领域建设项目信息公开和诚信体系建设工作，开展督促检查，实时督查项目信息和信用信息公开情况，及时发现和解决信息公开中遇到的问题，总结推广好的做法，保证项目信息和信用信息公开工作有效开展。

二是明确工作职责。明确主管部门和业务处室在工程建设领域项目信息公开和诚信体系建设中的职责，确定工作目标，细化工作任务，落实保障措施，保证公开的项目信息和信用信息准确及时。主管部门负责本地工程建设领域项目信息的收集、整理、录入和更新工作；领导小组成员单位制定本部门项目信息公开目录和信用目录，负责收集、整理、审核、录入、更新涉及本部门工作的项目公开数据和信用数据，指导各地做好相关工作；厅信息中心负责系统平台的建设和维护，建立全省住房和城乡建设系统统一、规范、实用的信息数据库。协助业务处（室）做好相关数据的录入，指导各地做好相关工作。

三是编制信息公开目录。根据国家推进工程建设领域项目信息公开和诚信体系建设的要求，编制《工程建设领域项目信息公开目录》和《工程建设领域信用信息目录》，明确信息采集、整理、报送和发布的方式，明确信息公开的内容、范围、形式和责任主体，坚持"谁产生、谁发布""谁发布、谁负责"的原则，制定工程建设项目信息和信用信息公开标准和程序，规范项目信息和信用信息公开工作。

四是开发信息共享平台。基于四川省住房和城乡建设厅门户网站（http://www.scjst.gov.cn），开发全省统一的"四川省工程建设领域项目信息和信用信息公开共享平台"（以下简称"共享平台"）和"工程建设领域项目信息和信用信息公开专栏"（以下简称"信息公开专栏"），各市、州、县住房和城乡建设行政主管部门应用共享平台，按照职责录入、更新项目信息和信用信息，办理工程项目招标投标、合同备案、施工图审查、施工许可、质量监督、安全生产监督、竣工验收备案等业务，开展监管服务，形成全省统一的项目信息和信用信息基础据库。

五是公开项目和信用信息。省厅围绕工程建设项目信息、从业企业和从业人员信用信息采集、存储、清洗、公开与管理，制定并发布项目信息和从业企业与从业人员信用信息管理、良好行为和不良行为认定、信用评定管理、网上发布与撤回等规定，确保采集、发布的项目信息和信用信息准确、及时、权威，建立失信惩戒和守信激励机制，规范建筑市场秩序。21个市（州）、183个县（区、市）住房城乡建设主管部门应用全省统一的共享平台和信息公开专栏，实时收集、整理录入、审核和公开项目信息、从业企业和从业人员信用信息，实现工程建设项目信息和信用信息的共建共享，实时发布。目前，基于四川省住房和城乡建设厅门户网站，已建立205个信息公开专栏，实时发布全省工程建设领域项目信息和住房城乡建设从业企业、从业人员的信用信息。

六是开展共享平台应用研究。省厅结合住房城乡建设信息化平台建设和运行实践，分析全省工程建设领域信息来源、汇交方式，从业企业从业人员网上办事、信息查询，各级主管部门网上审核审批、市场监管、为民服务等工作流程，开展基于多源异构数据的省域项目信息公开和诚信体系建设共享机制的研究，解决信息系统为行业提供应用服务、为群众提供信息服务、为主管部门提供监管服务、为领导提供决策服务等问题，把全省项目信息收集与从业企业管理、从业人员管理相结合，实现工程项目、从业企业、从业人员等信息互相关联；把项目信息和在线地图空间位置关联，实现图文一体化的项目落地管理；建设支持项目过程管理的业务系统，实现资质证书、资格证书、电子证书、报表打印等在线服务功能；充分考虑不同地区的信息化差异，提供多种信息采集方式，实现信息系统应用的便捷性和广泛性。

七是形成共享平台应用成果。"四川省工程建设领域项目信息和信用信息公开共享平台"，2012年10月，被住房和城乡建设部评为2012年度住房城乡领域优秀应用软件；2012年12月，被评为住房和城乡建设部科学技术计划项目示范工程；2013年6月，取得国家版权局计算机软件著作权登记证书；2013年12月，被确认为住房和城乡建设部科学技术成果；2014年5月，荣获四川省科学技术进步二等奖。省厅编制并发布《四川省工程建设从业企业资源信息数据标准》《四川省工程建设从业人员资源信息数据标准》《四川省房屋建筑和市政工程建设项目管理基础数据标准》3部四川省地方标准，发布《四川省工程建设领域项目信息和信用信息公开共享平台数据接口标准》，编印《四川省工程建设领域项目信息和信用信息公开共享平台操作手册》。《中国建设报》《中国建设信息化》《四川建筑》《中国科技成果》等媒体，先后报道"四川省工程建设领域项目信息公开和诚信体系管理信息平台"建设、应用和研究成果。

第三阶段：汇聚共享数据

2014年1月，住房和城乡建设部印发《住房城乡建设部建筑市场监管司2014年工作要点》（建市综函〔2014〕8号），明确提出推进企业、注册人员、工程项目三大基础数据库和企业诚信信息的关联整合，充分利用全国建筑市场监管信息系统对各地审批的企业和注册人员实施动态监管，加大各地对各类企业、人员不良行为信息公开力度，探索建立建筑市场行为信用评价机制，推进诚信奖惩机制的建立，2014年年内北京、上海、陕西、安徽、四川、海南、湖南、江苏等8省市要率先实现部省建筑市场监管与诚信基础数据的实时互联互通。

2014年7月，住房和城乡建设部印发《关于推进建筑业发展和改革的若干意见》（建市〔2014〕92号），强调推进建筑市场监管信息化与诚信体系建设，加快推进全国工程建设企业、注册人员、工程项目数据库建设。各省级住房和城乡建设主管部门要建立建筑市场和工程质量安全监管一体化工作平台，动态记录工程项目各方主体市场和现场行为，有效实现建筑市场和现场的两场联动。各级住房和城乡建设主管部门要进一步加大信息的公开力度，通过全国统一信息平台发布建筑市场和质量安全监管信息，及时向社会公布行政审批、工程建设过程监管、执法处罚等信息，公开曝光各类市场主体和人员的不良行为信息，形成有效的社会监督机制。

2014年7月，住房和城乡建设部印发《全国建筑市场监管与诚信信息系统基础数据库数据标准（试行）》和《全国建筑市场监管与诚信信息系统基础数据库管理办法（试行）》（建市〔2014〕108号），要求各省级住房和城乡建设行政主管部门进一步提高对建筑市场监管与诚信信息系统建设重要性、紧迫性的认识，按照该数据标准、管理办法的总体要求，结合本地实际，切实加强组织领导，将建筑市场监管信息化建设作为转变监管思路、完善监管手段的重要工作，在2015年底前完成本地区工程建设企业、注册人员、工程项目、诚信信息等基础数据库建设，建立建筑市场和工程质量安全监管一体化工作平台，动态记录工程项目各方主体市场和现场行为，有效实现建筑市场和施工现场监管的联动，全面实现全国建筑市场"数据一个库、监管一张网、管理一条线"的信息化监管目标。

2014年9月，住房和城乡建设部开展"全国工程质量治理"两年行动。

部长陈政高、副部长王宁在全国工程质量治理两年行动电视电话会议上强调，要把加快推进建筑市场信息化建设作为重点工作来抓，2015年底前，全面建成省级建筑市场监管与诚信信息一体化工作平台，实现部省建筑市场监管与诚信基础数据的实时互联互通。

四川省住房和城乡建设厅认真贯彻住房城乡建设部的一系列指示，把建筑市场监管信息化建设作为转变监管思路、完善监管手段的重要工作，充分整合从业企业、从业人员、工程项目基础数据和企业诚信基础数据资源，推进建筑市场诚信信息平台与建筑市场监管信息平台的深度融合，基于"四川省工程建设领域项目信息和信用信息公开共享平台"，开发建设"四川省建筑市场监管与诚信信息一体化工作平台"，实现企业、从业人员、工程项目、信用"四库"一体化。

一是企业数据库。基本信息主要包括：取得住房和城乡建设主管部门颁发的工程勘察资质、工程设计资质、建筑业企业资质、工程监理企业资质、工程招标代理机构资格、工程设计施工一体化企业资质、工程造价咨询企业资质、施工图审查机构名录、质量检测机构资质等企业的基本信息和资质信息。

二是注册人员数据库。基本信息主要包括：取得全国、省注册建筑师管理委员会颁发的注册建筑师注册证书，以及取得住房和城乡建设主管部门颁发的勘察设计注册工程师、注册监理工程师、注册建造师、造价工程师等注册证书的注册人员的注册信息。

三是工程项目数据库。基本信息主要包括：各类工程项目名称、类型、规模、造价等信息；参与工程项目建设的建设、勘察、设计、施工、监理、招标代理等单位及其注册建筑师、勘察设计注册工程师、注册监理工程师、注册建造师、造价工程师等注册人员信息；参与工程项目建设的现场管理人员信息；工程项目招投标、合同备案、施工图审查、施工许可、现场管理、竣工验收等环节的监管信息。

四是诚信信息数据库。基本信息主要包括：企业诚信信息、注册人员诚信信息等，分为不良行为信息和良好行为信息。不良行为信息是指企业和注册人员所受到的行政处罚、行政处理、通报等信息。良好行为信息是指企业或注册人员获得省部级以上奖项、市级以上行政主管部门评优、社会认可的信用中介机构评级、科技创新、获取专利、参加社会公益行为等信息。

四大基础数据库基于四川省住房和城乡建设厅门户网站运行，并建立与工商、税务、社保等部门的信息共享机制，共同构建建筑市场监管与诚信权威信息发布管理体系，供各级主管部门对企业和人员资质资格进行行政审批、企业人员资质资格实施动态监管、企业和人员跨省承接业务管理、投标企业资信评估、企业和人员资质资格证书电子化管理等，优化完善现有业务管理流程，提升建筑市场监管效能；供各级主管部门对企业、人员、工程项目等情况进行统计分析，实现动态监测及供求预测，进行政策研究，及时制定调整建筑市场监管与诚信体系建设等相关政策；供社会公众查询实时发布的建筑市场权威数据信息，方便网上办事。

2014年12月4日，"四川省建筑市场监管与诚信信息一体化工作平台"顺利通过住房和城乡建设部的验收。四川省成为全国首个建设并正式运行省级建筑市场监管与诚信信息一体化工作平台建设的省份。经验收组评审，该平台解决了数据多头采集、重复录入、真实性核实、项目数据缺失、诚信信息难以采集、市场监管与行政审批脱离、"市场与现场"两场无法联动等问题，保证了数据的全面性、真实性、关联性和动态性，基本实现了"数据一个库，监管一张网，管理一条线"的信息化监管目标，达到了验收标准。12月8日，四川省建筑市场监管与诚信信息一体化工作平台，实现与住房和城乡建设部全国建筑市场监管与诚信信息系统中央数据库的实时对接。

依托互联网和大数据，构建建筑市场监管与诚信信息一体化工作平台，开启建筑市场监管的新时代，使主管部门行业管理水平产生质的飞跃，有制度而无法落地的局面或将终结，建筑企业和从业者的生存环境将被改变。今后主管部门通过一体化工作平台，可以准确了解企业的工程业绩情况，实现对工程项目的动态监管，在源头上避免行业的各种乱象；实时提取项目招标和项目建设过程信息，实现从个人执业注册——企业资质申请——工程项目投标——工程项目建设的全过程规范化、透明化管理，为工程质量提升提供信息技术支持。

从2015年1月1日起，企业资质标准中要求的综合指标、非注册人员的学历、职称指标的审查工作，住房和城乡建设部委托企业所在地省级住房和城乡建设主管部门实施。上述指标的审查意见以省级住房和城乡建设主管部门的审查结果为准，住房和城乡建设部不再组织审查。全国建筑市场监管与诚信信息发布平台（以下简称发布平台）中已有的工程业绩、注册人员信息，企业无需提供有关证明材料。建筑业企业资质的考核指标包括：企业资产、技术设备、企业主要人员、企业代表工程业绩等四个部分，企业申请建筑工程设计、市政行业及相关专业工程设计、建筑工程施工总承包、市政公用工程施工总承包、房屋建筑工程监理、市政公用工程监理资质，其工程业绩以四库一平台数据为准，企业无需提供有关的工程业绩情况。各省级住房和城乡建设主管部门利用一体化平台，简化跨省备案程序，减少跨省备案材料。自2015年1月1

日起，各省级住房和城乡建设主管部门在办理已联网省市企业跨省备案时，对于发布平台已发布的信息，不再要求企业提供相关纸质材料。

第三节　建设方法

四川省在建筑市场监管和诚信管理信息化建设中，坚持系统共生、数据同源原则，注重顶层设计，充分整合资源，强化制度和标准建设，统一规划设计，统一数据标准，实现数据共享、信息互通，为全省住房城乡建设事业科学发展提供全面的信息技术保障。

（1）做深做实基础工作。四川省住房和城乡建设厅紧紧围绕省住房城乡建设系统推进信息化发展的总体目标，以信息化标准体系建设促进住房城乡建设事业信息系统研发应用，以省级数据中心建设促进公共数据资源集成共享，以完善电子政务系统建设促进政务办公一体化，以行业信息系统建设促进行业管理平台化，以公众服务平台建设促进公共服务便捷化，形成四川省住房城乡建设系统信息化发展新格局。制定《四川省住房城乡建设事业信息化 5 年规划》，明确行业信息化建设的指导思想和基本原则、主要任务和重点项目、实施步骤和保障措施。从住房和城乡建设系统全局视角出发，进行顶层设计，建立顶层架构，为服务体系、业务应用、业务信息资源、基础设施、标准体系和管理制度等方面的建设，提供理论支撑和方法指导。住房和城乡建设行业信息化建设顶层架构，主要包括绩效、业务、服务、数据和技术等内容，用于规范资源配置，优化业务流程，实现业务重用，制定数据标准，以及明确技术体制。由专门小组负责行业信息化建设顶层架构设计与管理，并根据业务需要调整该架构，汇总、分析和上报在该架构指导下的信息共享、业务协同和应用建设情况，统筹规划行业信息化建设发展。围绕住房和城乡建设特性，构建由总体标准、业务系统标准、应用支撑标准、信息资源标准、信息安全标准、网络基础设施标准、管理和运维标准等组成的行业信息化建设标准体系框架，把信息化建设的基础工作做深做细做实。

（2）准确定位信息平台功能。四川省建筑市场监管和诚信管理信息平台的主要功能是对全省建筑市场、工程项目和从业企业（人员）信息的管理和发布，实现对全省房屋建筑和市政工程项目规划、设计、报建、招标投标、合同备案、质量安全备案、施工许可、现场监管、竣工验收备案等业务的网上申报、审批、动态监管；对建设从业企业和从业人员基本信息、证书信息、业绩信息、市场行为等信息的网上管理。全省各级住房和城乡建设管理部门应用该平台，办理从工程建设项目规划"一书两证"（选址意见书、用地规划许可证、工程规划许可证）到竣工验收备案的全程业务，实现对工程建设项目报建、施工、竣工等环节和建筑市场责任主体的全程动态监管，开展网上交流互动，下发文件通知等，提高办事效率，提升服务质量；全省住房和城乡建设系统从业企业和人员应用该平台，申办施工许可、合同备案等业务，实时查看申报事项办理进程、管理部门审批意见，开展网上咨询，接收文件通知等；社会公众应用该平台，在网上实时了解全省工程建设领域项目信息，查询从业企业和从业人员信用信息等；实现省、市、县工程建设项目管理三级联动，形成全省统一的以工程项目为主线、以从业企业为主体、以从业人员为基础、质量安全为重点、信用评价为机制的全生命周期工程项目监管平台，实现真正意义上的系统共生、数据同源、资源共享。

（3）优化信息平台设计。四川省建筑市场监管和诚信管理信息平台，既是基础管理信息平台，又是综合管理信息平台，集业务管理、行政审批、市场监管、网上申报、网上受理、网上审批、信息发布等应用为一体。在平台架构设计上，采用数据总线可扩充结构，为住房和城乡建设厅及各市州的其他应用提供综合接口，使省市县业务在统一平台上实施和扩展。整个管理信息平台的设计思想是：项目基本信息（如工程名称、工程地址等不随时间变化而变化的数据）由建设单位一次性录入；项目动态数据（如：资金使用情况，项目进度等）按项目执行情况由各责任主体实时上报；各级住房和城乡建设主管部门进行网上审批。整个系统由6大平台和3大体系构成，基于项目管理建立全过程相关平台和系统。6大平台是：建筑市场监管平台、工程项目管理平台、信用体系评价平台、工程项目发布展示平台、综合信息查询平台、行政执法管理平台；3大体系是：数据共享交换体系、标准体系、信息安全体系。在此基础上建立身份认证、各类系统和平台接口等，在住房和城乡建设厅门户网站公开工程建设项目、建筑市场监管和诚信信息。

（4）推进信息平台应用。省厅把信息平台应用贯穿于建筑市场监管和项目建设过程，坚持把建筑市场监管与从业企业、从业人员网上办事紧密结合，实时采集基础信息，保证数据的实时性；坚持把建筑市场监管与行政审批紧密结合，及时核准信息，保证数据的真实性；坚持把建筑市场与建筑现场紧密结合，实时采集动态信息，保证数据的关联性；坚持把建筑市场监管与项目建设进程紧密结合，实时采集过程信息，保证数据的全面性。形成了以四川省建筑市场监管和诚信管理信息平台为载体，以施工图审查、办理建筑工程施工许可和合同备案为抓手，以信息公开专栏为窗口，扎实推进建筑市场监管和诚信体系建设的思路，实现了全省工程项目、从业企业、从业人员及信用信息的实时纵向汇聚与传递、横向交换与共享；实现了建筑市场监管和诚信体系管理信息平台与四川省政务中心电子监察平台互联互通、与住房和城乡建设厅其他业务管理信息系统数据同源；形成了全省统一的从业企业、从业人员、工程项目、信用评价和公共资源5大基础数据库；形成了以工程项目为主线，从业企业为主体，从业人员为支撑的省级全生命周期住房城乡建设管理信息平台。

第四节　实施策略

（1）理清工作思路。在平台建设上，以工程项目为主线、从业企业为主体、从业人员为基础，信用评价为手段，工程质量安全为重点，做到平台统建、标准统一、系统同生；在平台应用上，以办理施工许可、合同备案、施工图审查和行政审批为抓手，做到系统建设先固化、再细化、后深化；在平台推进上，以领导重视、制度建设、用户体验、跟进服务为保障，做到省市县三级联动，不断深化系统应用；在平台功能上，以服务对象为中心，以互联网、移动网等信息化技术为手段，为公众提供优质的便民服务，为业务人员提供高效的工作环境，为主管部门提供直观的决策支持，为信息化管理人员提供快捷的运维手段，为行业监管服务提供基础数据，为领导决策提供关联分析数据，做到围绕行业发展服务，引导新的需求，不断完善平台功能，形成良性循环机制。

（2）强化机制建设。成立省住房和城乡建设信息化领导小组，组织全省住房和城乡建设信息化工作，理顺管理体制，健全决策机制，及时研究协调和解决信息化建设中的重大问题，提高信息化建设的决策水平，形成"一把手"亲自抓、总负责的领导机制。设立领导小组办公室，负责行业信息化总体规划、规章制度和技术规范的编制、信息化建设方案的评审、行业信息化建设的推进和考核，信息系统和数据库的建设、运维，数据的传输、分析和发布，健全组织机构，强化技术支撑，形成职责明确、分工协作、责任到位的工作机制。加强顶层设计，坚持需求主导，强化业务协同，突出建设效能，保障信息安全，实现互联互通，提高服务水平，解决各自为政、重复建设、信息孤岛等问题，形成资源共享、协调发展的建设机制。统筹安排信息化建设资金，保障软件开发、系统应用与示范工程建设需要；规范和完善市场融资方式，鼓励各种社会资金参与信息化项目建设，逐步形成由多种投融资渠道、多元投资主体构成的信息化投融资格局；充分利用信息化建设的市场属性，积极向社会提供各类信息增值服务，将所得资金投入新的信息化建设，使信息化建设步入良性循环、可持续发展的轨道，形成积极有效的资金保障机制。多渠道培养与高起点引进人才，完善吸引人才、培养人才、使用人才的政策措施，开展信息化项目科技成果申报工作，为专业技术人员争取应得的荣誉，建立积极的激励制度，优化干事创业环境，不断提高信息化工作人员的积极性、创造性，形成结构合理、满足需求的人才保障机制。建立网络安全、信息资源、数据保护、数据交换、信息安全、运行维护等方面的管理办法和规章制度；建立绩效评估制度，及时对重点信息化项目建设进度、质量、安全、成效的检查和评估；制定年度信息化工作计划，明确建设目标，分解建设任务，纳入年终目标考核，形成运行规范、工作落实的制度保障机制。

（3）制定实施文件。住房和城乡建设厅先后印发《关于部分资质许可事项实行网上申报审批的通知》《关于进一步简化部分资质许可网上申报审批程序的通知》《关于开展建设类企业网上申报业绩的通知》《关于启用四川省勘察设计行业管理信息平台的通知》《关于下放安全生产许可审核权及网上申报审批的通知》《关于加强建筑市场动态监管严格企业和人员准入清出的实施意见》《四川省建设工程合同备案管理办法》《四川省建筑业企业资质管理规定实施细则》《四川省住房和城乡建设领域企业动态核查办法》《四川省建筑市场责任主体不良行为记录管理办法》《四川省建筑施工企业重点监督管理办法》《四川省建筑业企业信用评定暂行办法》《省外建筑企业入川承揽业务监督管理办法》等文件，完善全省建筑市场监管体系，严格企业和人员市场准入和清出，实行市场准入清出与诚信体系建设相结合、建筑市场与施工现场相联动，形成监管合力，实现资质资格许可、动态监管、信用管理等各环节的相互关联，维护统一规范公开有序的建筑市场秩序。

（4）突出实际应用。企业是建筑市场的活动主体，频繁地与主管部门进行业务和数据交互，企业是业务的发起者，是业务的起点和终点，为系统提供原始的数据来源，没有企业参与的信息系统将是无源之水。四川省住房和城乡建设厅基于 B/S 架构建设四川省建筑市场监管信息系统，突出企业对信息系统的用户体验、实际应用、数据采集，消除企业和主管部门之间传统的壁垒限制，做到在线办事和实时查询。企业进行电子化申报后，第一次提交材料的电子扫描件，经过审核归档后进入从业企业基础数据库，后续办理业务所需的已有资料不再提交，直至这些资料有了新版本，需要进行变更提交时为止。

（5）加强数据集聚。数据是最具生命力和延续性的资源和财富，是实施网上监管的基础和纽带，是信息化建设中最重要、最核心的内容之一。各类数据的采集、清洗、整合、加工、应用等，是建筑市场监管信息化建设的重要内容。数据只有在系统应用过程中产生，才有生命力；数据只有在信息平台有效运行中才能集聚；数据只有在深度挖掘关联分析中，才能凸显价值、实现价值。我们应用全省统一的152个住房城乡建设管理信息系统，通过办理14类省内企业和13类外省入川企业的行政许可、备案登记的审核、审批、公示、通告、查询、统计、分析、项目管理、培训管理、证书管理、业绩认定、市场监管等业务，通过办理资质新办、升级、增项、变更、项目管理、业绩备案，通过注册建造师（员）、监理从业人员、造价从业人员、注册建筑师、注册结构工程师、注册勘察设计工程师、注册规划师、注册房地产估价师、技术职称人员、企业主要负责人等16类从业人员的初始注册、续期注册、变更注册、教育培训、证书管理等业务，通过各级住房和城乡建设行政主管部门和建设单位办理工程项目招标投标、合同备案、施工图审查、施工许可办理、质量监督、安全生产监督、竣工验收备案等业务，采集数据，实现全省工程项目、从业企业、从业人员及信用信息的实时纵向汇聚与传递，横向交换与共享；实现企业资质、人员资格、工程项目、市场监管、信用评价等信息的联动，形成了由近700万条数据构成的从业企业、从业人员、工程项目、市场行为、城市管理、公共资源6大基础数据库，建立统一规范公开有序的建筑市场秩序，促进建筑业健康协调可持续发展提供了信息化保障。

（6）注重新技术应用。把工作流、GIS、GPS、RS、视频监控、SCADA、数据挖掘、BI、云计算等前沿信息化技术，应用于住房和城乡建设信息化，提升建筑市场监管水平；应用工作流技术，优化企业资质办理和工程项目建设报批程序，实现办事流程电子化；应用RS、GIS和GPS技术，解决空间信息技术服务城乡建设问题，实现企业和项目空间定位和动态监管；应用视频监控技术，解决建筑工地安全文明施工问题，实现施工现场可视化；应用SCADA技术，解决塔吊和喷淋等设备的遥测与监视控制，实现施工现场监管自动化；应用数据挖掘技术，解决用数据说话、用数据决策、用数据管理问题，实现决策科学化；应用云计算技术，解决信息平台统建、扩容、安全、效率问题，实现系统共生资源共享。

第五节　研究内容

充分应用现代信息技术，依托互联网络，实施基于多源异构数据的省域建筑市场和工程质量安全监管信息平台研究，分析全省工程建设领域信息来源、汇交方式，依托住房和城乡建设厅电子政务网络平台，统一规划、统一部署，开发省市县三级联动、信息共享、互联互通的建筑市场和工程质量安全监管信息化平台，集业务管理、行政审批、政府监管、城市管理及公共服务、信息发布等应用为一体，多渠道、全方位收集全省工程建设领域项目信息，实现系统共生、数据同源，形成全省统一的工程项目数据库，并与从业企业数据库、从业人员数据库相关联，实现数据共享，并依据全省行业信用信息管理、良好行为和不良行为认定、信用评定等规定，生成从业企业信用数据库和从业人员信用数据库；形成以工程项目为主线、从业企业为支撑、从业人员为主体、信用评价为手段的管理信息平台，按照国家和省有关规定实现项目信息、从业企业信息、从业人员信息和信用信息公开，杜绝各自为政、重复建设问题，避免形成新的信息孤岛，保障社会公众网上办事、主管部门网上审批、市场监管网上实施等工作的开展。

具体包括以下内容：

（1）项目信息收集：通过项目信息备案、项目规划建设管理业务过程处理、数据上报接口等多种方式，采集项目信息和对应的从业企业和从业人员信息；

（2）从业企业和从业人员信用信息采集：通过不良行为和优良行为记录、企业信用等级评定等方式，收集从业企业和从业人员的信用信息；

（3）项目信息和信用信息发布：各级主管部门应用全省统一的工程建设领域项目信息公开和诚信体系建设管理信息共享平台，在其门户网站发布项目信息和从业企业、从业人员信用信息；

（4）数据交换和共享：平台提供数据上传和下载接口，供省级各相关部门、市州和区县建设主管部门共享和交换数据；

（5）项目工地远程可视化监管：通过视频、GIS、SCADA、门禁等技术手段，对工地现场的安全措施、起重设备状态、民工在岗情况等进行监管和分析。

第六节　创新点

本平台率先在国内省级层面形成了系统共生、数据同源的行业信息体系，实现了房屋建筑和市政设施工程项目的实时收集、公开、共享，解决了省级主管部门长期以来主要是宏观管理而难以精细化监管的难题。平台不但实现了对项目程序和合法性的监管，而且对项目现场实现了远程可视化监管，为提高工程质量、减少安全事故、解决农民工拖欠工资问题提供了技术支撑。它在以下方面进行了研究和创新：

（1）采用分布式工作流、3S、Web2.0等技术，构建全省统一的基于多源异构数据的省域建筑市场和工程质量安全监管信息平台，实现对省域工程项目的全生命周期管理。省域工程项目数据，通过在线处理、离线处理后，采用ETL技术上报，实时收集、审核、发布工程项目的结构化、非结构化、空间等数据。

（2）集中管理海量的实时的工程项目、从业企业和从业人员数据，形成全省统一的工程项目、从业企业、从业人员及市场行为数据库，实现了系统共生、数据同源，实现了各类数据的无缝共享。

（3）基于视频、物联网、RFID、SCADA、3G、呼叫中心等技术，实现对省域工程建设项目施工现场，以及现场管理、施工等人员的可视化管理，动态评价从业企业和从业人员的市场行为，建立实时更新的诚信记录数据库。

（4）基于省域建筑市场和工程质量安全监管信息平台，实现了从业企业、从业人员资质、资格等业务的网上办理，行政审批、市场动态监管等工作的网上开展，行业信息的网上发布、公共信息的网上查询；实现了省域住房和城乡建设从业企业、从业人员、工程项目、市场行为等信息的动态联动。

第二章　业务需求

第一节　建筑市场监管范围

建筑市场，是指建设工程项目立项后，参与土木工程、建筑工程、线路管道和设备安装工程以及装修工程活动的各方进行勘察、设计、施工、监理、重要材料和相关设备采购等业务的发包、承包以及中介服务的交易行为和场所。

四川省建筑市场监管工作思路是：贯彻落实党的十八大和十八届三中、四中、五中全会及全国住房城乡建设工作会议精神，以推进建筑业发展改革和提升建筑业企业竞争力为核心，以规范建筑市场秩序和保障工程质量安全为主线，继续推进工程质量治理两年行动，继续加强建筑市场监管，优化建筑市场环境，深化行政审批制度改革，促进建筑业企业转型升级。

遵循建筑行业相关法律法规和管理办法，积极推进建筑行业电子政务信息化建设，旨在为建筑行业主管部门提供现代化的监管工具，是提高建筑市场监管工作效率和水平的重要手段。信息化管理是为建筑市场监管工作服务的技术手段，必须搞清楚建筑市场管理的内容和范围，围绕建筑市场监管工作的组织机构、职能权限、监管内容、监管依据、监管流程等业务管理需求进行实现。多年来，在开展建筑市场监管信息化建设工作的过程中，四川省坚持以管理需求驱动信息化建设，边建设、边完善、边运用，结合全省监管实际需求开展建筑市场信息化建设工作。全面、深入、持续地分析建筑市场监管中的管理需求以及面临的问题，是确定信息化开展方向、设计信息化框架的前提和基础。

建筑市场的监管，包括对建设项目、从业企业、从业人员的监管。为了保证建设工程的质量安全，需要在建设项目的生命周期管理中，对参建项目的从业企业以及从业人员的资质等级进行严格的审查和监管，并在建设项目实施过程中，根据相关法律法规和标准对从业企业及从业人员的市场行为进行动态监管，并与从业企业和从业人员的资格监管结合，实现建筑市场和施工现场的"两场联动监管"。

建设项目、从业企业、从业人员的监管是息息相关、有机联系的（如图2-1所示）。

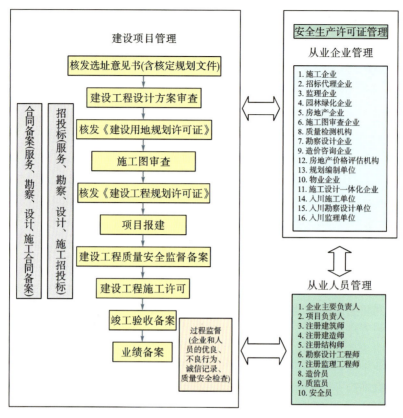

图 2-1　建筑市场的监管联系

每个建设项目从立项选址到竣工,各个阶段均要纳入行政审批和监管,参与到建设项目中的各类从业企业及企业的从业人员采用资格准入机制,只有符合要求的从业企业和从业人员,才能依法参与到建设项目的各个阶段中。在从业企业参建工程项目过程中,主管部门必须对其进行监管,确保从业企业具备符合条件的从业人员,包括人员的资格类别、资格级别、数量。在参与项目建设过程中,从业企业和从业人员产生的各类市场行为要纳入监管,根据相关法律法规对其市场行为进行诚信评分,监管的结果将作为从业企业和从业人员的资格升级等业务办理的审批标准之一。

建筑市场监管的对象多、对象的行为复杂,既有从业企业,又有从业人员,还有建筑工地的各类设备以及现场管理,还包括建设单位(甲方);既包括省内的从业企业和从业人员,也包括外省入川的从业企业和从业人员(如图 2-2 所示)。建设工程项目采取属地化管理,从规划、设计、招标、施工到竣工验收均由市(州)和县(区、市)的住建部门直接具体办理程序和监管,而建筑工地同时还具有地点分散、人员聚集、危险源多、扬尘严重等特点。以上这些都给传统的监管工作带来了很大的困难，如何利用技术手段尤其是信息技术手段有效地加强监管的连续性、准确性，从而弥补人工监管的不足是当前迫切需要解决的问题。

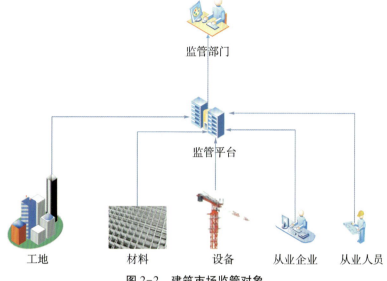

图 2-2　建筑市场监管对象

第二节　建设工程项目监管要求

建设工程项目采取属地化管理制度。从项目的管理到项目实施，工程建设项目管理和实施过程中参与方包括各级建设主管部门和五方责任主体。五方责任主体是指建设单位、施工单位、勘察单位、设计单位、监理单位。建设工程项目监管过程，就是将项目监管作为主线，对建设工程从规划到竣工验收的全过程进行监管，将五方主体纳入项目监管过程中，主管部门、建设单位、勘察单位、设计单位、施工单位、监理单位全面参与。

建设项目监管应实现在以上各参与方中进行项目管理信息的填报、审查、汇总、共享以及跟踪管理，从而加强建设工程质量、安全、进度以及环境方面的综合监控管理。因此，建设工程项目监管应满足"全业务覆盖、全主体参与、多数据来源、多展示方式"的要求。

1. 满足全业务覆盖的需求：建设项目监管应覆盖建设工程从选址到竣工的各个业务过程，从头到尾贯穿建设工程的生命流程，根据相关法律法规和管理办法对业务流程办理前置条件进行控制，最大程度上确保项目监管环节无缺失、项目信息无遗漏，并预留建设工程竣工后交付房产产权管理的数据开放接口（如图 2-3 所示）。

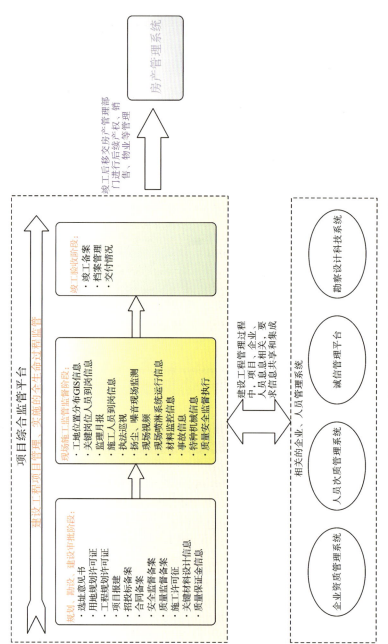

图 2-3　监管平台覆盖建设项目全业务生命过程

2. 满足全主体参与的需求：在建设工程全业务管理过程中，要根据建设工程属地化管理机制，让各级主管单位（包括审批部门、监督部门、执法部门）、五方主体（建设单位、施工单位、勘察单位、设计单位、监理单位）各方全面参与到监管过程中，五方主体按照相关管理制度完成各自的申报、填报、监理工作，主管单位完成项目的分级审批、监督、管理、执法监察（如图2-4所示）。

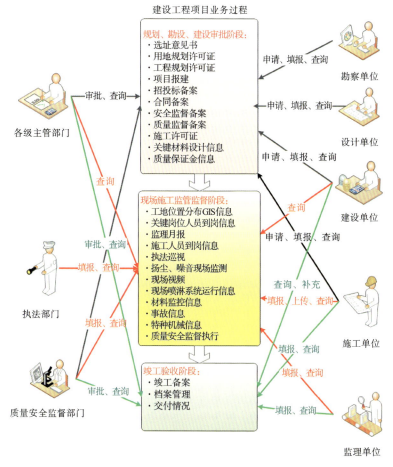

图2-4　项目监管平台参与对象

3. 满足多数据来源的需求：在建设工程项目管理和实施过程中，存在多种信息形式以及相应的数据来源。传统的人工数据来源是建设工程监管的重要信息来源，主要包括：在工程项目审批业务申报审批期间，从业企业申报项目业务时，要人工填写相应的审批表格，主管部门审批时要人工填写相应的审批意见。随着科技的发展，还有更多监控设备越来越多地投入到施工现场，这些设备采集的信息数据，也是建设工程项目监管必不可少的数据来源，例如：施工现场会根据实际场地在关键部位安装监控摄像头，有条件的施工场地会在施工场地入口安装指纹考勤机、考勤刷卡机、身份证门禁或者人像采集设备等设备，对现场工作人员的到岗情况进行记录和管理，施工现场的起重设备等大型现代化设备，有可能配备了相应的传感器，以便监控设备的安全运行情况，有条件的工地还有可能配备了噪音指标监控设备、粉尘浓度监控设备。因此，建设工程项目监管应充分利用和考虑多种数据来源，充分利用和集成已有数据资源；采集集成或增建各类现场监控设备信息，研究和应用人像采集、无人机、视频等新技术在施工现场人员、起重设备、深基坑等各方面监管工作中的应用和集成方式；为参与各部门、企业提供人工录入、上传数据的多种录入方式。

4. 满足多展现方式的需求：相比传统的人工跑现场、人工填写纸质表格资料工作方式，网络以及各种电子终端设备的普及使用，带来了更加高效便捷的信息化工作模式。建设工程项目的监管工作需要充分利用现代科技成果，采用多种终端设备、多种表现形式进行信息录入、数据使用和展现，例如：各参与部门、企业可以通过计算机、移动电子设备（平板电脑、智能手机等）等多种途径对信息进行录入和查询；信息可以在计算机、移动终端、现场 LED 电子屏进行显示和查询；信息可以以文字、表格、统计图表、视频、照片、地图等多种表现形式进行展现（如图 2-5 所示）。

经过对建设工程项目管理现行模式、机制和流程的研究，项目管理分为八个阶段，即：

第一阶段——核定规划条件阶段。这个阶段是建立科学的、实事求是的、定量化的监管总标准阶段。在土地拍卖以前就按照法律法规规定的程序，科学、实际地制定规划条件。这个规划条件一经核准审批后，就成为这个建设工程项目全过程监管的监管控制指标条件中的基础、全过程监管的总体依据。

第二阶段——招投标阶段。这个阶段主要是分步骤对建设工程的勘察、设计、施工、监理进行招投标工作，确定符合要求的从业企业，并落实关键岗位人员，确保各方主体及责任人按照规定签署"两书"，通过合同备案后的资料作为后期阶段监管各方主体及责任人到位的依据和标准。

第三阶段——建筑设计方案和初步设计审批阶段。这个阶段在建筑设计方案中落实出让土地各项规划指标，确保建筑设计方案满足主管部门审批通过的规划条件，确保拟建项目总平面布置、相邻关系、建筑立面、建筑设计满足城市规划、国家规范和有关规定。

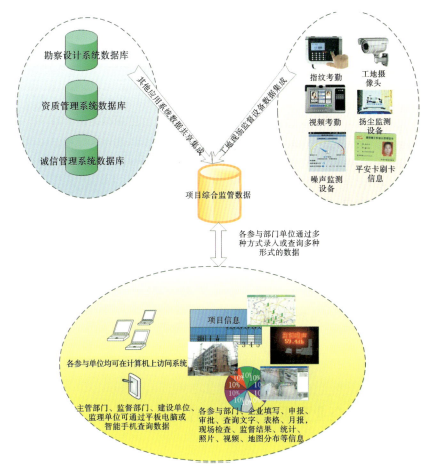

图 2-5　项目监管平台的数据来源及展现

第四阶段——施工图审查、备案和核发《建设工程规划许可证》阶段。这个阶段主要是在施工图设计文件中，落实出让土地各项规划指标，确保施工图设计文件满足主管部门审定的建筑设计方案，确保结构安全、强制性规范条文、建筑节能、无障碍设计的执行。

第五阶段——颁发《建筑施工许可证》阶段。这个阶段主要是组织施工许可证前置条件事项的各项审批，包括质量安全监督许可和质量监督许可，确保按时、足额缴纳各种费用，确保安全文明施工，确保施工质量，确保新型墙材、建筑节能技术的推广应用，确保建安行业正常秩序。

第六阶段——建设工程施工现场监管阶段。这个阶段主要启动并开展施工现场联动监管，确保审定的施工图设计文件在施工过程中得到严格执行，各项规划指标在项目实体施工过程中得到贯彻和执行。

第七阶段——规划竣工验收阶段。这个阶段需要严格、全面核实各项规划指标执行情况、配套公共建筑设施建设情况、建筑质量安全情况、节能材料节能措施的使用和执行情况、严格照图施工情况。

第八阶段——综合竣工验收阶段。这个阶段需要组织相关单位、部门对建设工程交付使用前情况进行竣工验收，确保顺利交付使用和社区管理。

从以上八个阶段的工作内容可以看出，第一阶段是规划指标核定阶段，是建设工程项目管理的纲；第二至四阶段是逐步对规划指标进行核实和细化的过程；第五至六阶段是建设工程项目工程建设过程中确保规划指标进行落实执行；第七至八阶段是对已完成的建设工程项目进行规划指标规划核实和验收的过程。

这八个阶段贯穿了每个建设工程项目的始终。建设工程项目的监管，应将此八个阶段作为项目监管的主线，针对这八个阶段，应先建立全省建设工程项目全过程监管信息平台，对建设工程项目各个关键节点进行监管，对这 8 个阶段中各行政审批事项、重要管理工作的前置条件、审核结果、办理结果进行管理，实现建设工程项目全过程信息共享，实现省市县三级主管部门联动管理信息共享，提高建设工程项目管理效率，对项目过程进行规范性监管，五方主体进行全过程监控管理。

第三节　企业资质和人员资格监管

建筑市场采用建筑企业和从业人员市场双准入制度，建立严格的建筑市场准入和清出制度。市场准入制度是国家和政府准许公民和法人进入市场，从事商品生产经营活动的各种条件和程序规则的制度和规范的总称。

2010 年 8 月 13 日，住房和城乡建设部制定并下发《关于加强建筑市场资质资格动态监管完善企业和人员准入清出制度的指导意见的通知》（建市〔2010〕128 号）。该《指导意见》提出，完善我国建筑市场监管体系，严格市场准入，着力解决企业、从业人员市场清出机制不健全的问题；实行市场准入清出与工程质量安全、诚信体系建设相结合，形成各部门监管合力；实现资质资格许可、动态监管、信用管理等各环节的联动；保障建设工程质量安全，维护统一、规范、公开、有序的建筑市场秩序，促进建筑业健康协调可持续发展。为了加强对建筑活动的监督管理，维护公共利益和规范建筑市场秩序，保证建设工程质量安全，促进建筑业的健康发展，根据《中华人民共和国建筑法》《中华人民共和国行政许可法》《建设工程质量管理条例》《建设工程安全生产管理条例》等法律、行政法规，住房和城乡建设部对原有的《建筑业企业资质管理规定》和资质等级标准进行了重大修订。2015年1月22日发布新的《建筑业企业资质管理规定》（第22号令）。该规定自2015年3月1日起施行。这对完善市场准入制度，规范建筑市场秩序，提高建筑业整体实力有着重要意义。

一、企业资质监管

建设行业从业企业资质管理采用行政许可审批方式，在管理模式上要遵循《行政许可法》的相关规定，在许可审批中要遵循相应的法律法规和管理标准。在组织关系上，从业企业采取企业注册归属地管理方式，分为省直属企业、市州企业和区县（扩权县）企业。管理部门按照住房和城乡建设部、四川省住房和城乡建设厅以及其下属的各级住房和城乡建设局的上下级关系进行垂直管理，采用三级审批管理模式：①县建设主管部门审批；②市州主管部门（含扩权县主管部门审批）；③四川省住房和城乡建设厅审批。三级审批管理模式如图2-6所示。

其中，扩权县是指扩大管理权限的县。扩大管理权限的基本原则是："责权统一、重心下移、能放都放、依法合规"，逐步做到除国家法律法规有明确规定的以外，原需经设区市审批或管理的，变为由扩权县（市）自行审批、管理，报市备案；原需经设区市审核、报省审批的，原则上变为由扩权县（市）直接报省审批，报市备案。对国务院有关部门文件规定须经设区市审核、审批的事项，采取省、市政府委托、授权等办法放权。扩权县（市）取得相应的管理权限后，同时承担与管理权限对等的责任。目前四川约有59个扩权县。

建筑市场从业人员资质的管理同样采用行政许可方式，在管理模式上要遵循《行政许可法》的相关规定，在许可审批中要遵循相应的法律法规和相应类型人员资格管理办法和标准。

建筑市场从业企业监管内容包括：

1. 资质核定：对企业首次申请、增项申请从业资质，或者企业合并后存续或者新设立的企业办理继承合并前各方相应资质等级时，主管部门按照相关规定进行审批程序核定。

2. 资质升级：按照相关规定，从业企业获得从业资质审定法定年限后，可提出晋升企业资质等级的申请，主管部门按照相关规定进行审批程序核定，包括：主项升级、增项升级、资质增项。

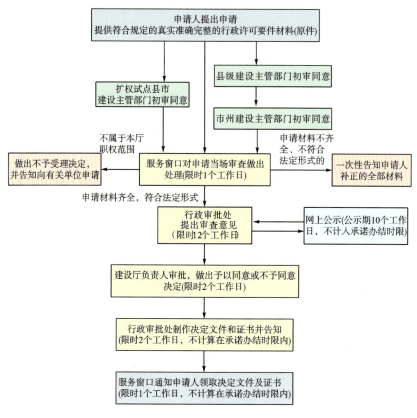

图 2-6 三级审批管理模式

3. 资质延续：按照相关规定，从业企业资质证书有效期届满后，应及时申请资质延续，主管部门按照相关规定进行审批程序核定。

4. 资质变更：从业企业在资质证书有效期内名称、地址、注册资本、法定代表人等发生变更的，应当在工商部门办理变更手续后 30 日内办理资质证书变更手续，主管部门按照相关规定进行审批程序核定。

5. 转正申请：按照相关规定，部分从业企业资质等级管理中，对于新开办施工企业的资质等级为暂定等级，按照相关规定，可在满足申报条件和时限条件的情况下，申请转为正式等级（例如施工企业，新开办施工企业的资质等级为暂定等级，两年内承包工程的质量全部达到国家验收标准，未发生重大安全、质量事故的，由企业申报，经原资质审批部门核定后，转为正式等级）。主管部门按照相关规定进行审批程序核定。

6. 主增互换：按照相关规定，在满足相关条件的情况下，企业的主项资质可以与增项资质互换，企业提出申请后，经原资质许可部分进行审批程序核定批准。

7. 证书增补：按照相关规定，企业遗失《资质等级证书》或者《资质审查证书》的，可按照规定流程申请补领。根据从业企业开展工程承包互动的需要，也可按照相关规定申请核发《资质等级证书》或者《资质审查证书》副本若干份。主管部门按照相关规定进行审批程序核定。

8. 复业申请：企业为停业状态时，如果经相关部门考查合格，可以进行复业的申请。主管部门按照相关规定进行审批程序核定。

9. 监督复查：根据相关规定，各级主管部门每一年度需要对从业企业资质进行一次重点监督复查，主要是对上一年度各企业的的不良行为等十五项监督内容进行复查，省建设行政主管部门对各地报来的重点监督复查企业进行抽查和统一公示、公告。对于监督复查企业要进行动态管理。

以上是对从业企业资质管理和监管事务进行的普遍性介绍，各类从业企业的办理事项根据相关法律法规规定及自身实际情况可能有所不同，各类企业资质管理中的管理事项如表2-1所示。

此外，省市建设主管部门还需要对建筑市场入川企业的从业情况进行监管。入川企业有六类：入川监理企业、入川施工企业、入川招标企业、入川造价企业、入川工程勘察、入川工程设计，对入川企业的管理内容主要包括：

入川备案：通过年度备案的入川企业依法参与省内相关建筑市场业务。省住房和城乡建设行政主管部门负责入川企业年度备案审查、市场行为的监督管理。市州、县（市、区）住房和城乡建设行政主管部门负责本辖区入川企业的市场行为的监督管理。

年度核检：入川备案证具有一定有效期（例如《四川省省外企业入川从事勘察设计活动备案证》有效期为一年，以发证之日起计算。）入川企业需开展业务，应按照相关规定申请年度检核。主管部门按照相关规定进行审批程序核定。

备案变更：入川企业的分支机构地址、名称、负责人等的信息变更，需要进行备案变更的业务办理。主管部门按照相关规定进行审批程序核定。

监督复查：根据相关规定，各级主管部门每一年度需要对入川企业资质进行一次重点监督复查，主要是对上一年度各企业的的不良行为等十五项监督内容进行复查，省建设行政主管部门对各地报来的重点监督复查企业进行抽查和统一公示、公告。对于监督复查企业要进行动态管理。

从业企业和入川企业的信息化管理，应满足如图2-7流程要求。

表 2-1

各类企业资质管理中的管理事项

企业类型	事项1	事项2	事项3	事项4	事项5	事项6	事项7	事项8	事项9	事项10	事项11	事项12	事项13	事项14
安全生产许可证	首次申请	延期申请	变更申请	证书增补										
施工企业	新办核定	增项申请	主项升级	主增互换	转正申请	主增互换	变更申请	证书增补	延续申请	资料备案	其他	监督复查	复业申请	合并
勘察企业	新办核定	资质增项	资质升级	转正申请	换证申请	换证申请	证书增补	延续申请	资料备案	监督复查	勘察年报表	勘察季报表		
设计企业	新办核定	资质增项	资质升级	转正申请	换证申请	变更申请	证书增补	延续申请	资料备案	监督复查	设计年报表	设计季报表		
工程监理企业	新办核定	增项申请	资质升级	变更申请	证书增补	换证申请	延续申请	资料备案	其他	监督复查	监督复查			
设计施工一体化企业	新办核定	主项升级	增项升级	变更申请	证书增补	变更申请	换证	数据备案	数据备案	其他	监督复查			
房地产开发企业	新办核定	资质升级	取暂申请	变更申请	证书增补	资质延续	资质延续	其他	监督复查	换证				
城市规划编制单位	新办核定	资质升级	取暂申请	证书增补	换证	资质延续	换证	数据备案	其他	监督复查				
造价咨询企业	新办核定	资质升级	变更申请	证书增补	证书增补	资质延续	资料换证	其他	监督复查					
物业服务企业	新办核定	资质升级	取暂申请	变更申请	资质延续	资质换证	资质延续	资料备案	资料备案	监督复查				
园林绿化企业	新办核定	资质升级	取暂申请	变更申请	证书增补	资料备案	其他	监督复查						
房地产估价机构	新办核定	资质升级	取暂申请	变更申请	延续申请	资料备案	资料备案	数据备案	其他	监督复查				
招标代理机构	新办核定	资质升级	变更申请	证书增补	延期申请	换证	资料备案	监督复查						
施工图审查企业	资质核定	资料备案	资料备案	监督复查										
质量检测机构	新办核定	增项申请	变更申请	证书增补	延期申请	资料备案	监督复查							
项目管理企业	新办核定	资质升级	资料备案	证书增补	变更申请	资质注销								

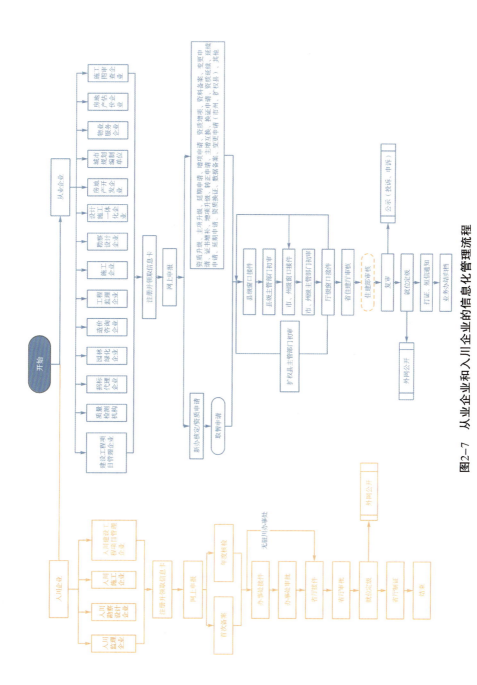

图2-7 从业企业和入川企业的信息化管理流程

二、人员资格监管

建筑市场从业人员的监管主要是对各类注册人员的考试、注册、执业、变更注册、继续教育和监督管理，对非注册人员的培训、考核和管理工作。管理工作主要包括：初始注册、增项注册、变更注册、续期注册、注销注册、重新注册、信息变更管理、资格申报、执业企业变更、证书换证、证书注销、继续教育管理、考试管理、职称管理。

第四节　企业和人员市场行为监管

在从业企业和从业人员资格准入管理的基础上，住房和城乡建设主管部门还要对其市场行为进行监管，避免"重准入，轻监管"，市场准入和市场行为监管并重才能构建完善的建筑市场监管体系。因此需要采用市场准入清出与工程质量安全、诚信体系建设相结合，实现资质资格许可、动态监管、信用管理等各环节的联动，对从业企业和从业人员参与工程项目的工程勘察、工程设计、工程监理、工程招标代理、施工建设、物业管理等市场活动进行监督和动态监管，保障建设工程质量安全，维护统一、规范、公开、有序的建筑市场秩序，促进建筑业健康协调可持续发展。

1. 建立基础数据库：建立和完善从业企业、从业人员、工程项目基础数据库，实现逐级数据采集、报送、发布机制，设计统一数据标准，实现工程项目、从业企业、从业人员数据库之间的动态关联，为从业企业、从业人员的市场准入和动态管理提供全面、准确、动态的基础数据。其中：

（1）工程项目数据库应构建覆盖工程规划一书两证、项目招标投标、合同备案、施工图审查、施工许可、质量监督、安全生产监督、竣工验收备案各主要环节，包括工程规模、工程造价、参建企业以及与项目有关的主要管理、技术人员等信息。

（2）企业数据库应包括各类从业企业（如施工企业、工程招标代理机构、工程设计企业、工程监理企业、勘察企业等）信息和证书数据，实现企业数据库与注册人员数据库的互联互通，支持实时监控企业中的注册人员是否能够满足企业资质条件。

（3）人员数据库要逐步包括注册人员、企业主要技术人员和管理人员，逐渐支持农民工实名制。

2. 建立建筑市场诚信管理机制，建立诚信基础数据库：在从业企业、从业人员、工程项目数据库的基础上，完善各类企业和注册人员诚信行为标准，对从业企业和从业人员在参与建设工程市场活动的过程中的优良行为、不良行为进行动态管理，支持资质、资格动态监管，将从业企业和从业人员在合同履约、招标投标、工程质量管理、安全生产管理等方面的良好行为信息和不良行为信息纳入诚信数据库，并建立资质资格公示制度、诚信公示制度和信息化公示平台，引导市场各方主体依法诚信经营，重视诚信记录，加大对违法失信企业和注册人员的信用惩戒。将发生不良行为较多的企业和注册人员列为重点监管对象，加强动态监管。

3. 支持建筑企业信用评定：支持主管部门按照《四川省建筑业企业信用评定暂行办法》对省内建筑业企业信用评定。支持每年度进行信用评定，信用评定按照《四川省建筑业企业信用等级评定标准》，实行信用综合评分制。评定应满足以下程序：①企业将《四川省建筑业企业信用评定申请表》及相关证明材料报企业注册地市、州及扩权试点县（市）建设行政主管部门；②市、州及扩权试点县（市）建设行政主管部门对申报材料进行审核，提出初评意见；③省信用评定办公室组织相关部门、专家对企业信用等级进行评定；④评定结果在"四川省住房和城乡建设厅网"公示10天。监管平台还应支持对评定结果有异议的进行复议、重新评定；⑤省信用评定办公室公布企业信用评定结果。

4. 支持建筑企业信用动态监管：逐步支持企业差异化管理制度，根据建筑企业信用评定的结果，对照企业信用评定的 AAA、AA、A、B 四个等级，分别实行绿色、蓝色、黄色、红色四种类别的差异化监管，将信用程度评定与从业企业资质进行联动动态管理，对企业实行信用惩戒机制。年度信用等级评定为 AAA 级的企业实行绿色监管，企业在申请办理资质资格延续、变更、出省手续等涉及资格审查的日常监管中可免于审查；企业在申请资质增项、升级时给予支持和扶持；企业在参与投标、评先评优等方面予以优先考虑。年度信用等级评定为 AA 级的企业实行蓝色监管：企业在申请办理资质资格延续、变更、对外施工等涉及资格审查的日常监管中重点做程序性的查验。年度信用等级评定为 A 级的企业实行黄色监管：企业在申请办理资质资格延续、变更、对外施工等涉及资格审查的日常监管中予以必要的限制和重点审查；列入年度重点监督复查对象，对企业实施重点监管。年度信用等级评定为 B 级的企业实行红色监管：企业在申请办理资质资格延续、变更、对外施工等涉及资格审查的日常监管中予以严格限制和重点审查；对企业资质重新审查复核；对企业实施行业重点监管。企业一年内不得升级、增项。

5. 支持安全监督管理：建立支持安全监督的信息化手段，支持县级以上住房城乡建设行政主管部门或其委托的施工安全监督机构依据有关法律法规，对本行政区域内已办理施工安全监督手续并取得施工许可证的房屋建筑和市政基础设施工程的建设、勘察、设计、施工、监理等单位及人员（以下简称工程建设责任主体）履行安全生产职责，执行法律、法规、规章、制度及工程建设强制性标准等情况实施抽查并对违法违规行为进行处理。监管平台应满足施工安全监督的程序：支持监督机构受理建设单位申请并办理工程项目安全监督手续；支持监督机构制定工程项目施工安全监督工作计划并组织实施；支持监督机构实施工程项目施工安全监督抽查并形成监督记录；支持监督机构办理终止施工安全监督手续；支持监督机构在工程项目施工期间的安全监督资料归档和便捷查询。

监管平台应包括施工安全监督的工作内容：支持安全监督部门抽查工程建设责任主体履行安全生产职责情况；抽查工程建设责任主体执行法律、法规、规章、制度及工程建设强制性标准情况；抽查建筑施工安全生产标准化开展情况；抽查危险性较大分部分项工程安全管理情况；组织或参与工程项目施工安全事故的调查处理；依法对工程建设责任主体违法违规行为实施行政处罚；依法处理与工程项目施工安全相关的投诉、举报。

监管平台还应支持各方责任主体在按照《建筑施工安全检查标准》（JGJ59）进行安全自评，支持监督机构在办理竣工验收前按照《建筑施工安全检查标准》进行安全文明施工检查综合评分。

6. 事故管理：满足各级建设主管部门之间的质量安全事故信息共享。质量安全事故发生后，在依法进行事故报告和调查处理的同时，事故发生地县级以上住房城乡建设主管部门应当在事故发生之日起 3 个工作日内将事故情况、与事故有关的企业以及注册人员简要情况上报省级住房城乡建设主管部门；对非本省市的企业和注册人员，事故发生地省级住房城乡建设主管部门接到报告后，应当在 3 个工作日内通报其注册所在地省级住房城乡建设主管部门。

7. 与事故相关的资格动态管理：企业和注册人员注册所在地省级住房和城乡建设主管部门，应当在接到报告或通报之日起 3 个工作日内，做出在事故调查处理期间暂停其资质升级、增项，资格认定、注册等事项的处理。属于住房和城乡建设部审批资质资格的企业和注册人员，其注册所在地省级住房和城乡建设主管部门应当在接到事故调查报告或批复后 7 个工作日内，将事故调查报告或批复以及处理建议上报住房和城乡建设部。根据事故调查报告或批复，应当降低或吊销有关责任企业和注册人员资质资格的，原发证机关应当在做出行政处罚决定后7个工作日内，将其证书注销，并向社会公布。同时在15个工作日内监督企业或注册人员将资质、资格证书交回。住房和城乡建设部负责审批的企业和注册人员资质、资格证书，由其注册所在地省级住房和城乡建设主管部门负责在规定时间内监督企业或注册人员交回，并及时将资质、资格证书交住房和城乡建设部。对事故负有责任但未给予降低或吊销资质处罚的企业，一年内不得申请资质升级、增项。事故调查报告或者负责组织事故调查的人民政府对事故调查报告的批复认定与事故有关的企业和注册人员无过错责任的，其注册所在地省级住房和城乡建设主管部门应当在接到事故调查报告或批复后3个工作日内恢复其资质升级、增项，资格认定、注册等事项。

第三章 关键技术

信息化建设需要众多的技术支撑，这些技术包括硬件产品、软件产品、通讯手段、方式方法等，没有这些技术的支撑，信息化建设只能处于规划和设计阶段，而不能真正变为辅助管理决策的利器。"工欲善其事，必先利其器"，选择适合完成目标的技术方法将起到事半功倍的效果。建筑市场监管信息化建设是一项综合的工作，需要利用多种技术手段实现从宏观到微观、从空中到地下、从县级到省级、从企业到政府、从市场到现场的全方位、无死角的覆盖。下面对用到的主要技术及其用途进行简述：

第一节 工作流技术

工作流（Workflow）是指"业务过程的部分或整体在计算机应用环境下的自动化"。工作流是对工作流程及其各操作步骤之间业务规则的抽象、概括描述，主要是通过将工作分解成定义良好的任务或角色，按照一定的规则和过程来执行这些任务并对其进行监控，以实现提高工作效率、更好地控制过程、增强对客户的服务、有效管理业务流程等目的。

工作流一般由实体（Entity）、参与者（Participant）、流程定义（Flow Definition）、工作流引擎（Engine）四个部分组成。

• 实体是工作流的主体，是需要随着工作流一起流动的物件（Object）。例如，在一个采购申请批准流程中，实体就是采购申请单；在公文审批流程中，实体就是公文。

• 参与者是各个处理步骤中的责任人，可能是人，也可能是某个职能部门，还可能是某个自动化设备。

• 流程定义是预定义的工作步骤，它规定了实体流动的路线。它可能是明确定义的，即对每种可能的情况都能完全确定下一个参与者，也可能是不明确定义的，需要参与者根据情况决定下一个参与者。

- 工作流引擎是驱动实体按流程定义从一个参与者流向下一个参与者的机制。

由此可以看出，工作流的前三个要素是静态的，第四个要素是动态的，它将前三者结合起来，是工作流的核心组成元素。

工作流需要依靠工作流管理系统（Workflow Management System，WfMS）来实现。工作流管理联盟（WfMC，Workflow Management Coalition）关于工作流管理系统的定义是：工作流管理系统是一个软件系统，它完成工作流的定义和管理，并按照在系统中预先定义好的工作流逻辑进行工作流实例的执行。

工作流管理系统不是一个业务系统，而是为业务系统建立和运行而提供的一个软件支撑环境。工作流管理系统的主要功能是通过计算机技术的支持去定义、执行和管理工作流，协调工作流执行过程之间以及群体成员之间的信息交互，从而最终实现业务过程的流程自动化管理。

工作流管理系统的结构如图 3-1 所示。

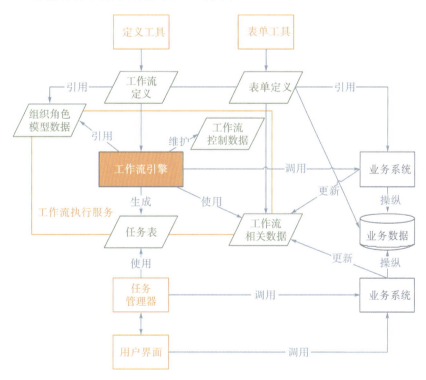

图 3-1　工作流管理系统结构

从上图可以看出，工作流管理系统主要由工作流定义工具、表单定义工具、工作流引擎、任务管理器、用户界面等功能构件和流程定义数据、组织/角色模型数据、表单定义数据、工作流控制数据、任务表、工作流相关数据等系统控制数据组成。

- 工作流定义工具，主要是实现工作流的描述文件的定义和建立，通过可视化的方式把复杂的流程定义以图形化的方式显示出来，并加以操作。
- 表单工具，主要是实现业务表单的自定义，建立业务流程与业务数据之间的关系，并通过业务系统的用户界面进行展现和交互。
- 工作流引擎，主要是实现业务流程的规则抽象，模型的建立、解释，以及为业务流程实例提供运行环境，并解释执行流程实例。

工作流管理系统主要包括以下功能：

- 业务流程建模；
- 用户、权限、角色设计；
- 业务流程测试运行；
- 业务表单模块建立；
- 业务流程发布运行；
- 业务流程管理和监控；
- 业务流程出错后的修复。

工作流管理系统主要使用领域包括各种类型的工作流应用环境，如政府部门、企事业单位、金融、税务、保险、通信、大专院校的事务管理部门等等。在政府或企业的日常活动中，约有70%是属于流程类活动，如订单出货流程、生产流程、企业内各类申请表单、公文签审、信息传递与签收、公司各类支出与收付等。

目前，国内外工作流产品层出不穷，常见的国内外工作流产品有 IBM BPM、Oracle BPM、Activiti、JBPM、JKCFlow、Justep、LiveFlow、SunFlow 等。

Activiti 是目前使用比较广泛的国外开源 BPM 引擎。Activiti 是遵从 Apache 许可的工作流和业务流程管理开源平台，其核心是基于 Java 的超快速、超稳定的 BPMN 2.0 流程引擎，强调流程服务的可嵌入性和可扩展性，同时更加强调面向业务人员。

JKCFlow 是四川省金科成地理信息技术有限公司自主开发的国产工作流平台，由四部分组成：业务建模程序、工作流引擎、客户端用户界面、对外服务接口，形成了业务系统的流程创建、管理、运行平台。在四川省住房和城乡建设厅、广州市建委、重庆市建委、娄底市住房和城乡建设局、攀枝花市住房和城乡建设局、乐山市城建档案馆等建设管理部门有多年的实践应用。

第二节　数据管理技术

数据管理是利用计算机硬件和软件技术对数据进行有效的收集、存储、处理和应用的过程。其目的在于充分有效地发挥数据的作用。实现数据有效管理的关键是数据组织。随着计算机硬件和软件技术的发展，数据管理技术经历了人工管理、文件系统、数据库系统三个发展阶段。

数据管理技术从人工管理到文件系统，是计算机软硬件技术开始应用于数据的实质进步，从文件系统到数据库系统的发展，则标志着数据管理技术发生了质的飞跃。

数据库系统（Database System）是由数据库和管理软件组成的系统，是为满足数据管理和处理的需要而发展起来的一种数据处理系统，是为应用系统提供数据的软件系统，是一个存储介质、处理对象和管理系统的集合体。

数据库系统通常由软件、数据库和数据管理员组成。其软件主要包括操作系统以及数据库管理系统。数据库由数据库管理系统统一管理，数据的插入、修改和检索均要通过数据库管理系统进行。数据管理员负责创建、监控和维护整个数据库，使数据能被任何有权限使用的人有效使用。

数据库系统有大小之分，大型数据库系统有 SQL Server、Oracle、DB2、Sysbase 等，中小型数据库系统有 MySQL、Access、MSDE 等。

数据库系统还可分为关系型数据库和非关系型数据库。关系型数据库指采用关系模型来组织数据的数据库，当前主流的关系型数据库有国外的 Oracle、SQL Server、DB2、Sysbase、MySQL，国产的 GBase、KingbaseES、DM、Open-BASE、OSCAR 等。非关系型数据库则是为了适应互联网 Web2.0 网站运用而发展起来的数据库，主要有 Redis、Cassandra、MongoDB 等产品。

关系型数据库是建立在关系模型基础上的数据库，而关系模型就是指二维表格模型，一个关系型数据库就是由二维表及其之间的联系组成的一个数据组织。二维表是以行和列的形式组织起来的数据的集合。一个数据库包括一个或多个二维表。

关系模型中，字段称为属性，字段值称为属性值，记录类型称为关系模型。关系模式名是 R。记录称为元组，元组的集合称为关系或实例。一般用大写字母 A、B、C……表示单个属性，用小写字母表示属性值。关系中属性的个数称为"元数"，元组的个数称为"基数"。例子的关系元数为5，基数为2。有时也称关系为表格，元组为行，属性为列。

关系型数据库具备以下优点：

● 容易理解：二维表结构是非常贴近逻辑世界的一个概念，关系模型相对网状、层次等其他模型来说更容易理解；

● 使用方便：通用的 SQL 语言（1974 年由 Boyce 和 Chamberlin 提出的一种结构化查询语言，是一个通用的、功能极强的关系型数据库语言）使得操作关系型数据库非常方便；

● 易于维护：丰富的完整性约束（实体完整性、参照完整性、用户定义的完整性）大大降低了数据冗余和数据不一致的概率；

非关系型数据库（NoSQL）是为了解决大规模数据集合多重数据种类带来的挑战，尤其是大数据应用而产生的。随着互联网应用规模发展，传统的关系数据库在满足 Web2.0 网站，特别是超大规模和高并发的社交网络（SNS）类型的纯动态网站已经显得力不从心，暴露了很多难以克服的问题，而非关系型的数据库则由于其本身的特点得到了脱颖而出的应用机会。

非关系型数据库依据结构化方法以及应用场合的不同，主要分为以下四大分类：

● 键值（Key-Value）数据库，数据中的每一个值都有专门的键与之匹配，能够实现针对简单数据集的超快应用性能，具有极高的并发读写性能。代表产品有 Redis、Tokyo Cabinet、Flare 等。

● 列式数据库，这类数据库通常是用来满足分布式存储的海量数据，具备更高的性能和扩展性。在数据中，键仍然存在，但是它们的特点是指向了多列。代表产品有 Cassandra、HBase、Riak 等。

● 文档数据库，文档型数据库可以看作是键值数据库的升级版，允许之间嵌套键值。该类型数据模型是将版本化的文档、半结构化的文档以特定的格式存储，并且比键值数据库的查询效率更高。代表产品有 MongoDb、CouchDB、SequoiaDB 等。

● 图数据库，图数据库同其他行列以及刚性结构的 SQL 数据库不同，它是使用类似于图的结构模型来存储数据，便于探索数据之间的联系。图数据库提供最短路径寻址，N 度关系查找等算法，适用于社交网络、产品推荐等。代表产品有 Neo4J、Infinite Graph、InfoGrid 等。

第三节　报表引擎技术

报表就是用表格、图表等格式来动态显示数据。当计算机出现之后，人们通常利用计算机数据处理和界面设计的功能来生成、展示报表。报表按照其表现形式，一般分为以下几类：

● 列表式，报表内容按照表头顺序平铺式展示，便于查看详细信息。一般基础信息表可以用列表式体现。

● 摘要式，使用频率最高的一种报表形式，多用于数据汇总统计。摘要式报表和列表式报表唯一的差别是多了数据汇总的功能。

● 矩阵式，主要用于多条件数据统计。矩阵式报表只有汇总数据，但是查看起来更清晰，更适合在数据分析时使用。

● 钻取式，是改变维的层次，变换分析的粒度。它包括向上钻取和向下钻取。

报表的主要特点是数据动态化，格式多样化，并且实现报表数据和报表格式的完全分离，用户可以只修改数据，或者只修改格式。要实现报表数据的动态加载和报表格式的多样化，需要使用专业的报表平台。

报表平台是作为统筹制定和管理所有报表的平台而存在，是一个枢纽性的平台。报表平台分离报表实际业务数据和展现形式，同时采用多源分片和动态格间计算技术来完成复杂的报表工作。一般情况下，报表平台通过提供业务对象和简单的 SQL 语句构造向导，让业务员按需制作业务统计报表，提供报表推拉模式，由用户订阅关心报表，使得能够方便查看所需的数据。报表平台还可以提供交互报表功能，实现报表钻取、报表内部交互、报表查询结果和选择窗体的交互等功能。

报表平台一般由报表设计器和报表服务器两大部分组成，使用三层结构体系搭建，通过关系数据库的接口连接一个或多个数据源，所有的业务处理都在逻辑设计层中完成，并通过报表服务器解析最终展现给用户。

报表平台架构如图 3-2 所示。

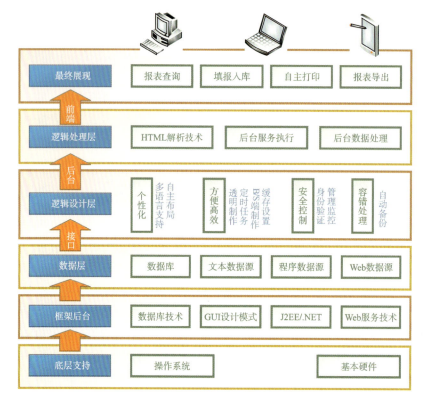

图 3-2 报表平台架构

报表服务器是指用在 Web 环境中解析报表设计模版的服务器，用户通过浏览器和报表服务器进行应用交互。

● 报表解析：报表服务器主要用来读取和解析设计器制作好的模板，并将模板转换成 HTML 页面，方便用户通过浏览器查看、修改和打印数据。

● 缓存管理：报表服务器内置了强大的缓存机制，提高报表运算效率集群机制。

● 连接池的配置：通过建立一个数据库连接池以及一套连接使用、分配、治理策略，使得该连接池中的连接可以高效、安全地复用，避免了数据库连接频繁建立、关闭的开销。

● 性能管理：报表服务器支持分布式集群，支持超大数据量运算，支持大数量用户并发处理。

报表设计器可以进行表样、数据、展现、打印等报表设计文件中各种元素的设计，是报表设计和报表应用开发、调试、部署的一体化工具。报表设计器可设计的报表类型一般包括分组报表、交叉报表、多层交叉报表、明细表、主子报表、多源分片报表，以及其他任意不规则的报表类型。

目前，国内外主流的报表软件主要有 Crystal Reports（水晶报表）、帆软报表（FineReport）、Eclipse BIRT、润乾报表、JasperReport 等。

Crystal Reports（水晶报表）是一款商务智能（BI）软件，主要用于设计及产生报表。水晶报表是业内最专业、功能最强的报表系统之一，它除了强大的报表功能外，最大的优势是实现了与绝大多数流行开发工具的集成和接口。

帆软报表（FineReport）是帆软软件公司自主研发的一款纯 Java 编写的企业级 web 报表软件。FineReport 是基于 J2EE 和 WEB 的综合报表解决方案，特有的 EXCEL+绑定数据列的报表设计方式，支持多源分片，行列对称，能够轻松处理复杂的报表展现样式，全面支持主流的 B/S 架构以及传统的 C/S 架构，部署方式简单且灵活，完美解决中国式报表难题。

FineReport 报表工具提供了易用且高效率的报表设计方案，采用主流的数据双向扩展，真正无编码形式设计报表；拥有强大的报表展示功能，并且提供完善的报表权限管理，报表调度管理；具有完备的报表填报功能，支持多级汇总填报。

第四节　GIS 技术

地理信息系统（Geographic Information System 或 Geo-Information system，GIS）主要是在计算机软硬件的支持下对空间信息进行输入、存储、编辑、分析、输出的软件系统。尤其是其独具的空间分析功能使得其有别于计算机辅助制图（CAD）、图像处理等专业软件而自成一个分类。GIS 在城乡规划、设计、建设、管理等各个阶段都会发挥作用，其空间查询统计、三维分析、网络分析等功能都是其他软件无法替代的。

GIS 系统是一套由计算机硬件、系统软件、空间数据、GIS 软件、输入输出设备、网络等组成的综合系统，但是其中空间数据和 GIS 软件起到关键的作用，使得 GIS 系统区别于其他系统。空间数据主要分为矢量数据和栅格数据，栅格数据还可以细分为拍摄影像图、纸质地图扫描图、专业栅格图（数字高程模型、坡度图等）等。GIS 软件一般由空间数据引擎、地图编辑 Desktop 及其 SDK、地图网络服务 WebGIS 及 API、移动终端及 SDK 等组成，国内比较著名的包括 SuperMap、MapGIS、GeoStar 等，国外比较著名的包括 ArcGIS、Map-

Info、GeoMedia 等。软件架构如图 3-3 所示。

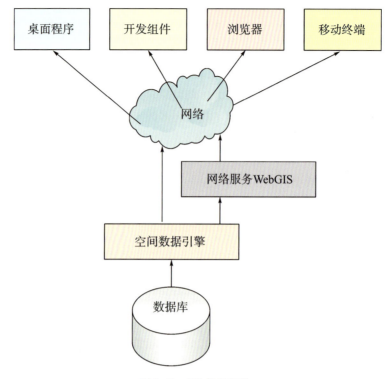

图 3-3　GIS 软件架构

随着互联网的普及和在线地图需求的增加，On - line Map 发展迅速，Google Map、Baidu Map 是普及程度较高的在线地图。在线地图的普及给开发 GIS 系统提供了快速的途径，开发人员不用再关心基础数据的采集、处理、建库等繁琐的功能，而只需要按照工业标准开发方法利用在线地图提供的 API 开发业务功能即可。

由于基础地图涉及国家安全信息，国家测绘地理信息局在对国内外在线地图进行加强管理的同时，也提供了国家权威的在线地图——"天地图"，不仅数据权威翔实，而且可以提供多种服务方式，对于可以在互联网运行的系统提供在线服务，对于公安等需要在专网运行的系统可以提供前置机放入专网服务。

第五节　定位技术

定位技术由美国的全球定位系统 GPS 开始，目前各国都在发展自己的定位技术，从军事应用起步，已经广泛地应用于交通、航海、旅游等各行各业。定位技术最先指卫星定位技术，目前也包括手机基站辅助定位等技术。卫星定位技术除了美国的 GPS 外，还有俄罗斯的 GLONASS、欧洲的伽利略（GALI-LEO），当前中国正在发展自己的北斗定位系统。

卫星定位系统由卫星星座、地面控制系统、用户终端系统三部分组成。卫星星座由超过 3 颗的卫星群组成，按照一定的规则分布于太空，并按照一定的规律向地面发送时间信号、测距信号以及卫星的坐标位置信号；地面控制系统接收卫星发送的信号并分析卫星是否正常，也可以根据需要向卫星注入新的参数，用以调整卫星的轨道和姿态等；用户终端系统用于接收卫星发送的信号并进行计算获得用户所在的位置。定位系统结构如图 3-4 所示。

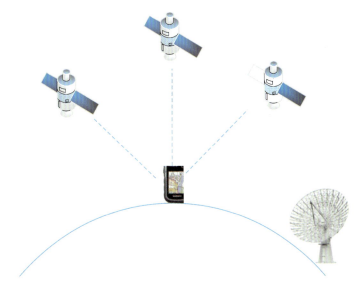

图 3-4　定位系统结构

卫星定位信号分为军事和民用，军事信号是原生信号，精度高，民用信号是经过处理的信号，降低了精度。因此在民用领域，为了提高定位精度，采用 RTK 等技术进行解算。

定位技术在建设领域的用途包括：

规划阶段：采用定位技术可以测绘基础图，作为规划编制的基础。

建设阶段：采用定位技术可以测绘项目红线拐点，进行放验线。采用高精度定位技术可以观测深基坑的变形。

管理阶段：采用定位技术可以监控运渣车路径、城管巡逻车辆路线。

第六节　遥感技术

遥感从字面的意思就是遥远的感知，在不接触对象的条件下远距离观察对象，进而分析对象。遥感系统包括探测设备、搭载平台、发送设备、接收设备、存储设备、解译设备，其中探测设备和解译设备是核心。从搭载平台的类型可以分为航天遥感、航空遥感、地面遥感，航天遥感的搭载平台是卫星，航空遥感的搭载平台是飞机，地面遥感的搭载平台为热气球、飞艇、无人机等。如图 3-5 所示。

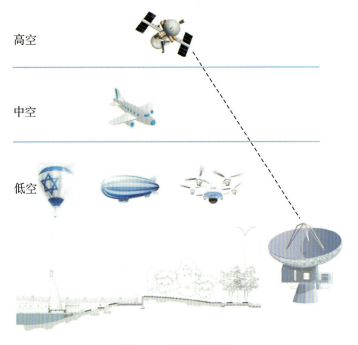

图 3-5　遥感系统结构

遥感的成果为影像，影像根据成像方式分为光学摄影相片、热红外图像、成像雷达图像、多波段和超多波段图像，其中在建设领域用得最广泛的是光学摄影图像，光学成像根据波段又分为可见光、红外、近红外、紫外，根据色彩分为彩色和黑白。遥感影像的空间分辨率决定着可以解译的物体大小，现在随着小于1米的高分辨率影像的成熟和普及，遥感技术的应用越来越广泛。

遥感技术目前已经广泛应用于规划建设、国土资源、气象气候、海洋湖泊、国防军事、农业、林业等各行各业。在建设领域，遥感技术在规划、建设、管理各阶段都有广泛的用途：

规划阶段：该阶段通过航天和航空遥感技术获取现状地形地貌、建构筑物、管线设施、河流湖泊、植被覆盖、交通设施等现状，通过分析，编制总体规划、详细规划。在规划实施阶段，可以根据现状遥感影像确定新建项目的红线范围，并把设计方案融入现状进行比较分析。

建设阶段：该阶段既可以通过航天和航空遥感技术获取区域范围内正在施工的项目分布，又可以通过地面遥感技术获取某个重点项目的高精度图像进行细部分析。

管理阶段：该阶段通过航天和航空遥感技术既可以获取多个时相的数据进行对比提取违章搭建的分布、不符合规划的外装修、私自设立的广告牌等。

第七节　物联网技术

物联网技术是对各种对象进行感知，感知获得的信号通过网络传输给后端，后端接收后进行存储、显示、分析、控制。物联网的核心是前端的感知系统，根据感知的不同对象有不同的技术和设备，对象包括桥梁、边坡、电压、气压、水压、人等有形和无形的，感知设备有主动式和被动式，主动式是感知设备主动去感知对象获取信号，被动式是由对象通过自身产生或携带的RFID等发射信号并由感知设备获得。物联网系统结构如图3-6所示。

由于目前网络传输和数据分析处理技术已经非常成熟，因此在物联网系统中前端感知技术成为整个系统的关键。感知设备即传感器是否稳定持续、感知数据是否正确，都是决定物联网系统可用的基础。关于传感器的定义，国家标准GB7665-87是这样定义的："能感受规定的被测量并按照一定的规律转换成可用信号的器件或装置，通常由敏感元件和转换元件组成"。也就是说，通过传感器这种检测装置，能感受到被测量对象的信息，并能将检测感受到的信息转换为能通过网络传输的数字信号输出，以满足后端存储和计算设备的处理、存储、显示、记录和控制等要求。

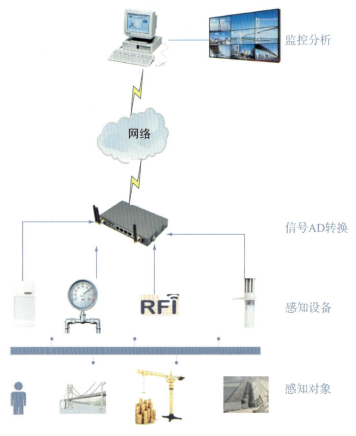

图 3-6　物联网系统结构

　　传感器按照被测参量，可分为机械量参量（如位移传感器和速度传感器）、热工参量（如温度传感器和压力传感器）、物性参量（如 pH 传感器和氧含量传感器）；按传感器输出信号的不同，可分为模拟传感器和数字传感器。数字传感器直接输出数字量，不需使用 A/D 转换器，就可与计算机联机，提高系统可靠性和精确度，具有抗干扰能力强，适宜远距离传输等优点，是传感器发展方向之一。

　　在建设管理领域，物联网主要用于建设阶段，对工地现场的危险源和监督重点对象进行自动检测和识别分析，例如：塔吊状态、深基坑位移、人员识别、车辆识别等。

第八节　数据挖掘技术

数据挖掘技术是在数据库技术的基础上发展起来的，基于积累的历史数据进行统计分析，以便获取隐藏在数据中的规律，进而从规律中分析所反映的问题和现象，为解决问题、预测问题、防范问题提供方向和依据。数据挖掘的流程如图 3-7 所示。

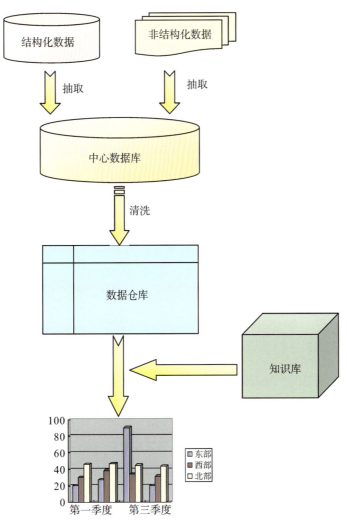

图 3-7　数据挖掘的流程

数据挖掘的成功取决于三个方面的因素：丰富的历史数据；明确的分析目标；正确的挖掘和分析方法。没有丰富的历史数据，数据挖掘是无源之水、无本之木，这些历史数据可以是已有业务系统中产生的、输入到电子文件中的、纸质档案经过数字化后的，并且这些数据可能是产生和收集的渠道看起来互不相干的，但是为了一个共同的目的被收集到一起的；挖掘目标即用户需求，用户需求不明确相当于作战目标不明确。如果目标不明确，其他的一切工作将会无的放矢。目标的确定必须有丰富的从业经验，提出需要解决的业务问题，问题越具体，则历史数据的收集和技术方法的选择越有针对性，分析的结果将会越接近于实际；在目标明确和数据丰富的前提下，挖掘的技术和方法则是决定作战是否取胜的关键，合适的技术和方法能起到"一枪毙敌"的效果。现在，数据挖掘和流行的大数据分析已经融合在一起，成为商业营销、政府管理、企业经营的有力手段。传统的数据挖掘工具有 SPSS、Matlab，目前各数据库软件如 Oracle、SQL Server 也在数据库优势的基础上增加了 BI 模块，而 Hadoop 是当前构建大数据系统的流行平台。数据挖掘方法是大数据系统的亮点，经过多年的选择，国际权威的学术组织 the IEEE International Conference on Data Mining（ICDM）2006 年 12 月评选出了数据挖掘领域的十大经典算法：C4.5 分类决策树算法，k-Means 聚类算法，SVM（Support Vector Machine，支持向量机，监督式学习方法），Apriori（挖掘布尔关联规则频繁项集的算法），EM（Expectation-Maximization，最大期望算法），PageRank 链接流行度，AdaBoost 迭代算法，kNN（k-Nearest Neighbor，K 最近邻分类算法），Naive Bayes 朴素贝叶斯模型，CART（Classification and Regression Trees 分类与回归树）。

第九节　视频联网技术

建筑工地是一个地点分散、人员密集、安全风险点多的场所，安全监督是主管部门的一项重要工作。视频监控具有可视化、可回溯、客观性的特点，在建设管理行业的应用非常广泛，尤其《建筑工程施工现场视频监控技术规范》的发布使得视频监控在建筑工地的应用更加规范化。此外，在城市管理阶段，视频监控可以对垃圾倾倒、渣土运输、乱摆摊位等行为进行监控。

视频监控技术经历了模拟视频监控、数字视频监控、IP 网络视频监控三个阶段，正因为视频监控已经数字化和网络化，视频监控可以实现高清晰度，可以通过公共网络传输，可以进行智能分析预警，使得视频监控突破地域限制和人工监视的瓶颈。

传统的视频监控在局域网环境中供有限的人查看，限制了资源的利用效率。随着互联网带宽的增加，使得通过远程查看视频成为了可能。但是不同品牌和不同的技术标准又限制了系统的互联，随着《安全防范视频监控联网系统信息传输、交换、控制技术要求》（GB/T28181-2011）的发布，使得远程不同品牌的设备互联成为了可能，真正进入到视联网的时代。

视频前端采集设备即摄像头的性能决定着这个系统的质量，摄像头的性能包括分辨率、是否支持红外、是否支持宽动态、是否支持云台等，尤其是分辨率是核心指标，从4Cif到标清、再到720P和1 080P的高清，直至现在2K和4K的超高清，加之基于图像的智能分析即智能视频技术不断发展和成熟，从而使节省人工和提高准确性的自动监控识别的实现成为了可能。

视频监控系统的结构如图3-8所示。

图3-8　视频监控系统的结构

由上图可以看出，完整的视频联网监控系统包括前端部分和后端部分：

终端信息采集设备：包括摄像机和前端存储设备。摄像机包括模拟摄像机和IP摄像机，前端存储设备用于网络质量不好或者无后端存储系统的场所，分为数字硬盘录像机 DVR 用于接入模拟摄像机、网络硬盘录像机 NVR 用于接入 IP 摄像机。硬盘录像机含有硬盘，可以存储摄像机录制的视频，同时具有联网功能，可以通过网络采用数字格式共享出去。

后端管理联网设备：包括存储设备、管理设备、联网设备。存储设备目前主要是 IPSAN，用于后端集中存储前端信息采集设备传回的视频文件；管理设备用于统一注册管理前端监控设备，分配视频资源查看权限；联网设备用于向上或者向下联网共享资源，实现真正意义上的视联网，不同品牌的联网设备之间遵从《安全防范视频监控联网系统信息传输、交换、控制技术要求》（GB/T28181-2011），可以实现互联互通互看。

当前中国的视频监控技术和设备在世界上均处于前列，海康威视、大华、宇视、科达等品牌已经在各行各业广泛应用。在工程建设领域，可以用于建筑工地，实现安全文明施工监督、现场人员识别和考勤等。

第四章　基础平台设计

信息化建设在用户需求明确的前提下，系统设计决定着系统建设的成败、系统运行的效率、系统开放的程度、系统扩展的能力，优秀的系统设计要遵循 IT 工业标准、开放的架构、可扩展的体系等原则。四川省建筑市场监管信息平台的设计要站在为全省主管部门和监管对象方便、高效服务的角度，以经济实用为指导思想，同时遵循行业标准和规范。

第一节　设计思想

我国建设工程项目按照属地管理，即项目的规划建设手续是在项目所在地的主管部门办理，省级建设主管部门主要是宏观管理，加上建设工程项目空间地域分布广、建设参与方众多，省级主管部门要对建设工程项目进行精细化监管和收集项目信息并公开共享一直是一个不易破解的难题，工程项目等信息难以实现长效、动态、实时收集发布共享。

信息化建设要考虑到省域内各地经济和信息化发展水平不平衡的问题，有些地区既有经济能力建立，也有信息技术人员维护信息系统；有些地区由于区位偏远，虽有经济能力建立，但是无法留住信息技术人才，没有能力维护系统；有些地区既没有经济能力建立，也没有信息技术队伍维护系统。因此，省级住房城乡建设主管部门要从省域信息化建设实际出发，提供个性化服务，包括建立工程建设项目全生命周期管理信息系统、项目备案系统、数据上传数据库和 Web 服务接口、完整的从业企业和从业人员数据库、数据下载接口等，为各地采用信息技术管理工程项目，提供无偿的服务和信息技术支持。

建筑市场监管信息平台基于住房和城乡建设厅工程项目管理平台建设运行，它既是基础平台，又是综合管理平台，它集业务管理、行政审批、政府监管、网上申报、网上受理与审批、信息发布等应用为一体，采用数据总线可扩充结构，为住房和城乡建设厅及各市州的其他应用提供综合接口，使业务应用在统一的平台上应用和扩展。项目基本信息（例如工程名称、工程地址等不随时间变化而变化的数据）由建设单位一次录入项目动态数据（例如：资金使用情况，项目进度等），按项目执行情况由各责任主体实时上报，各级建设主管部门进行网上审批。

第二节　系统总体结构

建筑市场监管信息平台从实质上来讲也是一套信息系统，因此总体结构也符合信息系统的一般性特征，只是要满足建筑市场监管的特殊性要求。信息平台是由多个层级组成的复合系统，从最基础的硬件设备到用户最终使用的系统之间需要很多的层级和组成部分，这些组成部分之间互相依赖、互相配合，形成一个密不可分的整体系统。

建筑市场监管信息平台的组成结构如图 4-1 所示。

各部分详细内容如下：

1. 国家、地方的相关法律法规：如《中华人民共和国城乡规划法》《中华人民共和国建筑法》《四川省城乡规划条例》《四川省建筑管理条例》等，这些是平台建设的需求大纲，系统建设必须遵从这些法律法规的要求，而且要随着法律法规的调整而及时进行调整升级，以体现最新的管理要求。本书第二章的平台需求就是基于这些法律法规并结合省、市主管部门的实际工作需求提取的。

2. 国家、地方的相关标准规范：如《全国建筑市场监管与诚信信息系统基础数据库数据标准（试行）》GB/T28181-2011《安全防范视频监控联网系统信息传输、交换、控制技术要求》《建筑工程施工现场视频监控技术规范》JGJ/T292-2012 等，这是平台建设的技术导则。

3. 硬件基础设施：包括服务器、磁盘阵列、交换机、路由器、防火墙等，这些硬件设备为平台部署和运行提供物质基础，起到计算、存储、传输、保护的作用。没有这些设备，信息平台将是空中楼阁。

4. 系统软件基础设施：包括操作系统、网络安全软件、查杀病毒软件、热备软件等，这些软件是让硬件设备运行起来发挥作用的关键，如果说硬件是躯体，那么软件就是思维。

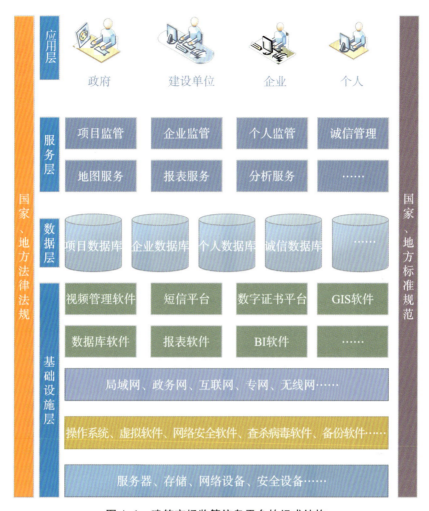

图 4-1　建筑市场监管信息平台的组成结构

5. 网络技术设施：包括单位内部局域网、政务网、互联网、专网、3G/4G 无线网等，网络提供了平台运行的通道，种类多样、速度畅快的网络将使平台有更广的使用范围和场合，尤其是 3G/4G 无线网使得现场监管、移动监管变成可能。随着光纤网络的普及，使得高清视频监控也将推广开来，真正实现足不出户一览无余的梦想。

6. 专业软件：包括数据库软件、GIS 软件、报表、BI 软件、视频管理软件、数字证书管理软件等。这些专业软件是实现应用系统中某一项或几项应用功能的后台引擎，基于这些专业软件相当于站在巨人的肩膀上，实现应用功能将起到事半功倍的效果，不可想象从头开发一套 GIS 软件或者报表软件的难度。

7. 数据资源：包括建设工程项目、从业企业资质、从业人员资格、诚信记录、住房信息等，这些数据资源的收集采用了多种技术途径，经历了 10 多年的漫长时间历程，协调了各级相关部门，花费了巨大的心血，是当前平台能广泛推广应用并被各级部门欢迎和接受的最主要原因，是最有价值的资源和资产，也是将来数据挖掘和建立大数据分析系统的基础。

8. 应用系统：包括项目监管、企业监管、人员监管、诚信管理、地图服务、专题报表、统计分析等，这些应用功能是平台的最终体现，为最终用户提供前端交互 UI、后台计算和分析服务，实现了用户的业务需求逻辑。

9. 最终用户：建立信息平台的目的是为用户服务，这些用户包括政府监管人员、企业用户、从业人员用户、建设单位用户、社会公众等，有了这些用户的参与，才能为系统提供源源不绝的信息来源，动态地更新数据，同时已有数据为用户提供服务才能发挥出价值，形成良性的循环。从本质意义上讲，信息平台建立的目的就是要抓住用户的心，为用户提供贴心服务。

第三节　系统架构设计

四川省的 21 个市（州）幅员面积大、经济发展不平衡、民族种类多样，再加上建筑市场监管对象的多样性和复杂性，对于省域的信息系统建设不能按照单一的模式，从系统架构上要考虑灵活的结构。

平台要充分利用各种技术手段，包括天上的卫星、飞机，地面的视频监控、物联网，后台的自动预警、大数据分析等，尽量减少监管人员长途跑路和频繁去现场而造成的工作效率低下，同时能解决监管不连续而且有盲区的问题。

在系统架构上，以省级平台为核心，为全省各类用户统一提供硬件、网络、数据、系统等全方位服务，不仅可以节省大量的建设投资和人才队伍培养成本，而且更为重要的是减少了数据的交换环节，保证了数据质量不受损和更新不延时。

对于需要有本地化下移部署或者自建需求的下级部门，省级平台提供灵活多样的开放接口，包括数据接口和系统接口，使得下级系统能下载省级平台数据和引用省级平台功能，同时也能上传本级平台数据到省级数据中心。总体结构如图 4-2 所示。

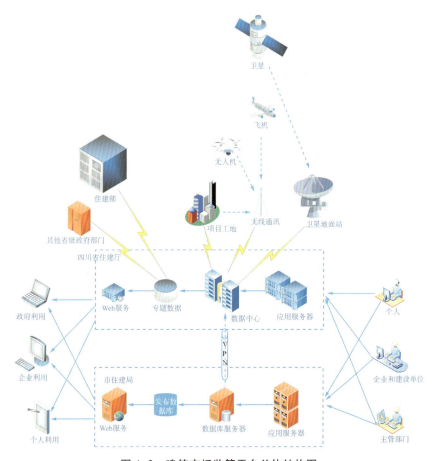

图4-2　建筑市场监管平台总体结构图

在这种以集中为主兼顾分布的架构设计思路下，可以满足四川省这类大部分地区经济不太发达、技术实力不太雄厚的现状，最大可能地由省级平台为全省提供统一、集中的服务，同时也为像成都、德阳、宜宾这些经济较发达、技术能力较强的地区留下自主发展的空间。

第四节　网络结构设计

一、总体网络结构

鉴于建筑市场监管平台的用户多而且分布广泛，涉及的数据基本为可公开的政务信息，为了方便使用和降低成本，平台运行以互联网为基础，主管部门、企业、个人、建设单位都通过互联网使用系统，对于市（州）到省住房和城乡建设厅之间的数据交换采用基于互联网的安全方式 VPN 技术，如图 4-3 所示。

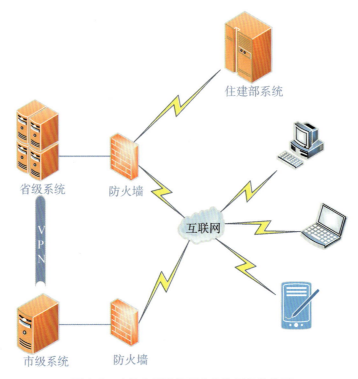

图 4-3 建筑市场监管平台总体网络结构图

二、省级平台网络结构

省厅为了满足终端用户不同的互联网接入类型，也同时接入多个运营商的线路，以便和终端用户匹配达到速度最快。接入的网速不低于 10M，目前 100M 已经开始普及。

为了满足需要相对安全传输数据的需求，省厅配备具有 VPN 功能的路由器，供市（州）级和省级其他相关部门安全接入。

省厅系统在中心机房和运营商机房采用双套备份，并通过专线进行数据同步备份。

在机房内部，各后台设备之间采用全光纤万兆传输，确保数据交换的通畅。在后台设备和互联网之间采取安全隔离，形成 DMZ 区域，确保后台系统的相对安全。

省级平台网络结构如图 4-4 所示。

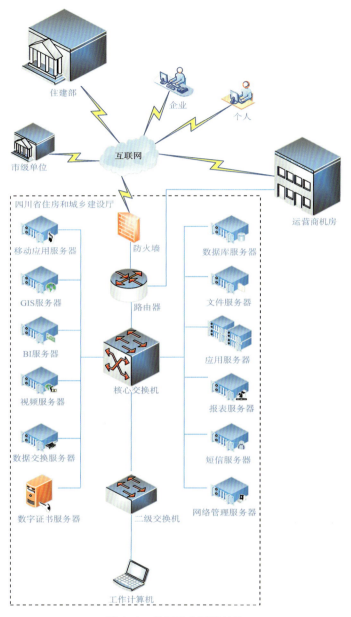

住建部

企业

个人

市级单位

互联网

运营商机房

四川省住房和城乡建设厅

移动应用服务器

防火墙

数据库服务器

GIS服务器

路由器

文件服务器

BI服务器

应用服务器

视频服务器

核心交换机

报表服务器

数据交换服务器

短信服务器

数字证书服务器

二级交换机

网络管理服务器

工作计算机

图4-4　省级平台网络结构

三、市级平台网络结构

对于没有独立平台的市（州）级住建局，个人工作计算机直接接入互联网使用省级平台。

对于具有独立平台的市（州）级住建局，网络结构可以参照省住房和城乡建设厅，设备类型可以根据需要减少，设备性能和网络带宽速度可以降低。为了减少维护成本，后端设备建议托管到运营商机房。如图4-5所示。

和省住房和城乡建设厅之间的安全连接采用 VPN 客户端软件拨通。

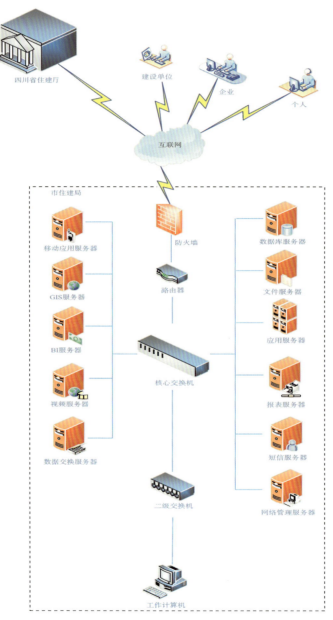

图4-5　市级平台网络结构

第五节　数据库结构设计

一、概念设计

为满足全省建筑市场有效监管，以及满足住房城乡建设部信息的共享共用、市场监管，本设计遵循宏观规划顶层设计，按照住房和城乡建设部《关于推进建筑市场监管信息化建设工作有关事项的通知》《全国建筑市场监管与诚信信息系统基础数据标准（试行）》和《四川省工程建设从业企业资源信息数据标准》《四川省工程建设从业人员资源信息数据标准》《四川省房屋建筑与市政基础设施建设项目管理基础数据标准》总体要求，形成以工程项目、从业企业、从业人员、市场行为、公共资源等5大标准数据库，以及非结构化附件材料数据为基础，以行政行权业务库、归档库为辅助的数据库框架，开拓信息及资源发布库、业务历史库和统计分析等数据库，充分对数据实现高效、广泛的应用。达到通过公共的接口对数据进行管理、利用，实现部省市县等多级信息共享、互联互通、统一开放的建筑市场监管数据体系。

数据库框架结构如图4-6所示。

基础数据库是市场监管信息化的核心，存放了企业、人员、项目、市场行为和公共资源等结论性数据，这些数据在业务系统中可以公开利用，并通过业务系统归档、数据交换等方式进行维护；通过发布库、统计库等完成对外的展示。为确保数据库的安全性、稳定性，基础数据库不与外界系统发生直接关系。

基础数据库数据相互关联，其关联关系如图4-7所示。

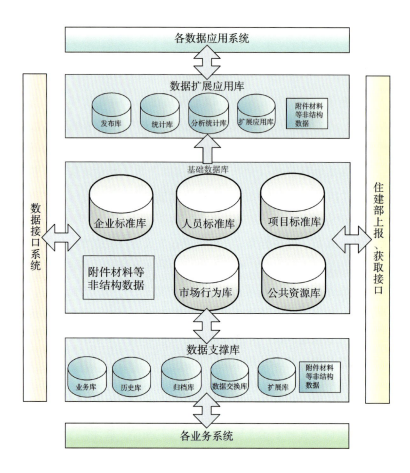

图 4-6　数据库框架结构

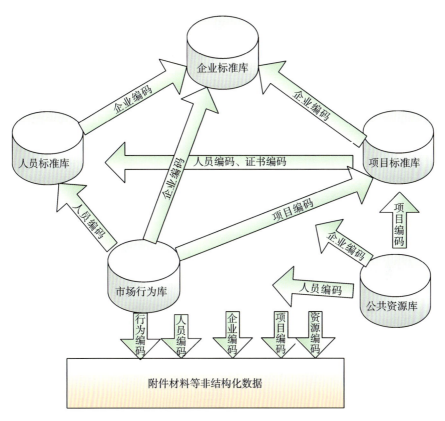

图 4-7　基础数据库关联关系图

业务系统与基础数据库数据存在引用、维护关系，以下是项目业务系统引用维护时，数据访问情况如图 4-8 所示。

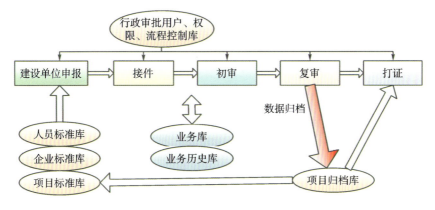

图 4-8　业务流和数据库关联关系图

数据应用系统通过定时作业、同步程序、挖掘软件等访问标准数据库，取回自己需要的数据存放到自己的表中，然后再进行应用。

数据需要同住房城乡建设部信息共享，通过以图4-9所示模式完成数据的交互。

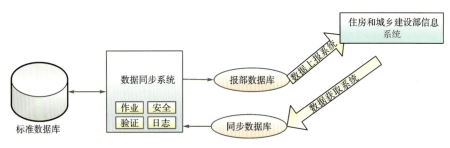

图4-9　部省数据交换流程图

二、逻辑设计

企业标准库中，存放企业各种信息，包括基本信息、资质证书、企业设备等信息，其构成如图4-10所示。

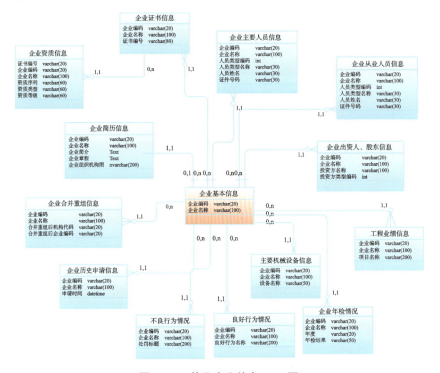

图4-10　从业企业信息 E-R 图

关键表结构设计：

表 4-1 企业基本信息

字段名	中文名	类型	值域	描述
QYBM	企业编码	Varchar(20)		PK
QYLXBM	企业类型编码	Int	A.1	
QYLXBC	企业类型名称	Varchar(30)		
QYMC	企业名称	Varchar(100)		
QYCYM	企业曾用名	Varchar(100)		
JGDM	机构代码	Varchar(20)	GB/T 11714	
SSDBM	企业属地编码	Varchar(6)	GB/T 2260	
RegAdrProvince	企业属地省编码	Varchar(6)		
RegAdrCity	企业属地市编码	Varchar(6)		
RegAdrCountry	企业属地区县编码	Varchar(6)		
RegAdrProvince-Name	企业属地省名称	Varchar(50)		
RegAdrCityName	企业属地市名称	Varchar(50)		
RegAdrCoun-tryName	企业属地区县名称	Varchar(50)		
ZCDZ	注册地址	Varchar(200)		
ZCDZYZBM	注册地址邮政编码	Varchar(6)		
QYXXDZ	企业详细地址	Varchar(200)		
XXDZYZBM	详细地址邮政编码	Varchar(6)		
ZGBM	主管部门	Varchar(100)		
LSGXBM	隶属关系编码	Int		
LSGXMC	隶属关系名称	Varchar(50)		
QYCLRQ	企业成立时间	Date		YYYY-MM-DD
GSZCRQ	工商注册日期	Date		YYYY-MM-DD
JJXZBM	经济性质编码	Int		
JJXZMC	经济性质名称	Varchar(50)		
YEZZZCH	营业执照注册号	Varchar(50)		
YEZZFZJG	营业执照发证机关	Varchar(50)		
ZCZBJ	注册资本金	Numerice(18,6)		
HBLXBM	货币类型编码	Int		
HBLXMC	货币类型名称	Varchar(20)		
KHYH	开户银行	Varchar(100)		

表4-1(续)

字段名	中文名	类型	值域	描述
KHYHZH	开户银行帐号	Varchar(50)		
QYWZ	企业网址	Varchar(50)		
DZYJ	电子邮件	Varchar(30)		
CZ	传真	Varchar(30)		
LXR	联系人	Varchar(50)		
LXDH	联系电话	Varchar(30)		
FRDB	法人代表	Varchar(30)		
FRDBSJH	法人代表手机号	Varchar(30)		
CYRYNMRS	从业人员年末人数	Int		
JSJJRYZS	技术经济人员总数	Int		
YZCRYS	有职称人员数	Int		
GJZCRS	高级职称人数	Int		
ZJZCRS	中级职称人数	Int		
ZCRYZS	注册人员总数	Int		
GDZC	固定资产	Numerice(18,6)		万元
GDZCNZJE	固定资产年折旧额	Numerice(18,6)		万元
LDZC	流动资产	Numerice(18,6)		万元
FZZE	负债总额	Numerice(18,6)		万元
JZC	净资产	Numerice(18,6)		万元
QYZSR	企业总收入	Numerice(18,6)		万元
GCJSCB	工程结算成本	Numerice(18,6)		万元
GLFY	管理费用	Numerice(18,6)		万元
LSZE	利税总额	Numerice(18,6)		万元
SDS	所得税	Numerice(18,6)		万元
SCSJE	生产税净额	Numerice(18,6)		万元
LRZE	利润总额	Numerice(18,6)		万元
JLR	净利润	Numerice(18,6)		万元
JZCSYL	净资产收益率	Float		%
ZBBZZZL	资本保值增值率	Float		%
YYLR	营业利润	Numerice(18,6)		万元
ZCFZL	资产负债率	Float		%
JZYZCZ	建筑业总产值	Numerice(18,6)		万元
JZYZJZ	建筑业增加值	Numerice(18,6)		万元

表4-1(续)

字段名	中文名	类型	值域	描述
LDZBC	劳动者报酬	Numerice(18,6)		万元
JXSBZTS	机械设备总台数	Int		
JXSBZGL	机械设备总功率	Float		
ZLAQFSSGCS	质量安全发生事故次数	Int		
JJSS	经济损失	Numerice(18,6)		万元
SWRS	死亡人数	Int		
ZSRS	重伤人数	Int		

表 4-2　　　　　　　　　　企业证书信息

字段名	中文名	类型	值域	描述
QYBM	企业编码	Varchar(20)		PK
QYMC	企业名称	Varchar(100)		
ZSLXBM	证书类型编码	Int		
ZSLXMC	证书类型名称	Varchar(30)		
ZSBH	证书编号	Varchar(80)		
YXKSRQ	有效开始日期	Date		YYYY-MM-DD
YXJSRQ	有效结束日期	Date		YYYY-MM-DD
ZBSL	正本数量	Int		
FBSL	副本数量	Int		
ZSZJFBSL	证书增加副本数量	Int		
ZSBBFBSL	证书补办副本数量	Int		
SFYX	是否有效	Boolean		True:有效 False:无效
BFBM	颁发部门	Varchar(200)		
BFBMBH	颁发部门编号	Varchar(20)		
BFRQ	颁发日期	Date		YYYY-MM-DD
ZSDJMC	证书等级名称	Varchar(80)		

表 4-3　　　　　　　　　　企业资质信息

字段名	中文名	类型	值域	描述
QYBM	企业编码	Varchar(20)		PK
QYMC	企业名称	Varchar(100)		

表4-3（续）

字段名	中文名	类型	值域	描述
ZSBH	证书编号	Varchar(80)		
ZZLB	资质类别	Varchar(50)		
ZZLBBM	资质类别编码	Varchar(50)		
ZZMC	资质名称	Varchar(200)		
ZZMCBM	资质名称编码	Varchar(50)		
ZZDJ	资质等级	Varchar(20)		
ZZDJBM	资质等级编码	Varchar(50)		
PZRQ	批准日期	Date		YYYY-MM-DD
PZJG	批准机关	Varchar(200)		
CBFW	承包范围	Text		
SFZD	是否暂定	Boolean		True：是 False：否
SFZX	是否主项	Boolean		True：是 False：否
BZ	备注	Text		

表 4-4   **企业变更情况**

字段名	中文名	类型	值域	描述
QYBM	企业编码	Varchar(20)		PK
QYMC	企业名称	Varchar(100)		
XH	序号	Varchar(50)		
BGRQ	变更日期	Date		YYYY-MM-DD
BGNR	变更内容	Text		
SPBM	审批部门	Varchar(200)		
BZ	备注	Text		

人员标准库，存放人员基本信息、证书信息、继续教育等信息。

关键表结构设计：

表 4-5   **人员基本信息**

字段名	中文名	类型	值域	描述
JGDM	机构代码	Varchar(50)	GB/T 11714	
QYMC	企业名称	Varchar(100)		

表4-5（续）

字段名	中文名	类型	值域	描述
QYBM	企业编码	Varchar(50)	从业企业资源信息数据标准010002字段	
RYBH	人员编号	Varchar(50)		PK
XM	姓名	Varchar(50)		
SFZH	身份证号	Varchar(18)	GB 11643	
XB	性别	Boolean	1\2	1:男
				2:女
CSRQ	出生日期	Date		YYYY-MM-DD
MZ	民族	Varchar(50)		
ZZ	住址	Varchar(50)	GB/T 2260	
ZW	职务	Varchar(50)		
BYYX	毕业院校	Varchar(80)		
BYSJ	毕业时间	Date		YYYY-MM-DD
SXZY	所学专业	Varchar(80)		
LXDZ	联系地址	Varchar(200)		
YXBM	邮政编码	Varchar(20)		
DZYX	电子邮箱	Varchar(100)		
BGDH	办公电话	Varchar(100)		
GRDH	个人电话	Varchar(100)		
ZPURL	照片URL	Varchar(200)		
RYZT	人员状态	Varchar(50)		
ZC	职称	Varchar(50)		
QDZCSJ	取得职称时间	Date		YYYY-MM-DD
BZ	备注	Text		

表4-6　　　　　　　　　人员证书信息

字段名	中文名	类型	值域	描述
JGDM	机构代码	Varchar(50)	GB/T 11714	
QYMC	企业名称	Varchar(100)		
QYBM	企业编码	Varchar(50)	从业企业资源信息数据标准010002字段	
QYSD	企业属地	Varchar(50)		

表4-6(续)

字段名	中文名	类型	值域	描述
RYBH	人员编号	Varchar(50)		PK
XM	姓名	Varchar(50)		
SFZH	身份证号	Varchar(18)	GB 11643	
XB	性别	Boolean	1\2	1:男 2:女
CSRQ	出生日期	Date		YYYY-MM-DD
ZZ	住址			
ZW	职务	Varchar(100)		
JSZC	技术职称	Varchar(100)		
QDZCSJ	取得职称时间	Date		YYYY-MM-DD
ZSLX	证书类型	Varchar(14)		
ZSJB	证书级别	Varchar(100)		
ZCZSBH	证书编号	Varchar(100)		
ZGZSH	资格证书号	Varchar(100)		
ZCZSH	注册证书号	Varchar(100)		
YZH	印章号	Varchar(100)		
ZCZY	注册专业	Varchar(50)		
ZSYXQKSSJ	证书有效期开始时间	Date		YYYY-MM-DD
ZSYXQJSSJ	证书有效期结束时间	Date		YYYY-MM-DD
FZSJ	发证时间	Date		YYYY-MM-DD
FZJG	发证机关	Varchar(100)		
ZSZT	证书状态	Int	0\1	0:正常 1:已注销
	是否打印	Int	0\1	0:未打印 1:已打印
BZ	备注			

表4-7　　　　　　　　**继续教育情况**

字段名	中文名	类型	值域	描述
JGDM	机构代码	Varchar(50)	GB/T 11714	
QYMC	企业名称	Varchar(100)		
QYBM	企业编码	Varchar(50)	从业企业资源信息数据标准010002字段	
QYSD	企业属地	Varchar(50)		

表4-7(续)

字段名	中文名	类型	值域	描述
RYBH	人员编号	Varchar(20)		PK
XM	姓名	Varchar(10)		
SFZH	身份证号	Varchar(18)	GB 11643	
PXBJM	培训班名称	Varchar(100)		
PXKSRQ	培训开始日期	Date		YYYY-MM-DD
PXJSRQ	培训结束日期	Date		YYYY-MM-DD
PXJG	培训机构	Varchar(100)		
XXNR	学习内容	Text		
DD	地点	Varchar(150)		
KCXZ	课程性质	Varchar(50)		
XXXS	选修学时	Int		
BXXS	必修学时	Int		
CJ	培训结果	Varchar(50)		
HGZSH	合格证书号	Varchar(50)		
BZ	备注	Text		

项目标准库，存放项目工程基本信息、一书两证、施工许可证、五方责任主体、参与人员等信息，其结构如图4-11所示。

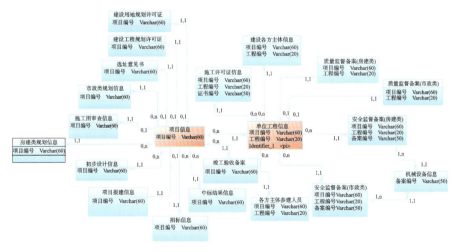

图4-11　建设工程项目信息 E-R 图

项目信息关键表数据结构如下。

表 4-8   **项目基本信息表**

字段名	中文名	类型	值域
XMBH	项目编码	Varchar(60)	GUIDCode
BH	项目编号	Varchar(60)	
XMMC	项目名称	Varchar(200)	
XMSD	项目属地	int	
XMDZ	项目地址	Varchar(200)	
JSDW	建设单位	Varchar(200)	
JSDWZZJFDM	建设单位组织机构代码	Varchar(200)	
JSDWDZ	建设单位地址	Varchar(200)	
JSDWFR	建设单位法人代表	Varchar(100)	
JSDWFRDH	建设单位法人代表联系电话	Varchar(100)	
JSDWJSFZR	建设单位技术负责人	Varchar(100)	
JSDWJSFZRZC	建设单位技术负责人职称	Varchar(100)	
JSDWJSFZRDH	建设单位技术负责人联系电话	Varchar(100)	
XMLX	项目类型	Int	
XMZLX	项目子类型(用途)	Int	
JSXZ	建设性质	Int	
JSMS	建设模式	Int	
XMZTZ	项目总投资	Decimal(15,6)	
JSGM	建设规模	Varchar(1 000)	
JSNR	建设内容	Varchar(4 000)	
CreateTime	创建时间	datetime	
Ftime	更新时间	datetime	
SFSW	是否涉外	bit	

表 4-9   **单位工程信息表**

字段名	中文名	类型	值域
DWGCBH	工程编码	Varchar(60)	
XMBH	项目编码	Varchar(60)	
BH	单位工程编号	Varchar(60)	
DWGCMC	单位工程名称	Varchar(200)	
DWGCJSGM	单位工程建设规模	Varchar(1 000)	

表4-9(续)

字段名	中文名	类型	值域
DWGCZJ	单位工程造价	Decimal(15,6)	
DWGCJGLX	单位工程结构类型	Int	
DWGCMS	单位工程描述	Text	
BZ	备注	Text	
CreateTime	创建时间	datetime	
Ftime	更新时间	datetime	

表 4-10   中标结果信息

字段名	中文名	类型	值域
ZBID	ID	Varchar(60)	
XMBH	项目编码	Varchar(60)	
XMMC	项目名称	Varchar(200)	
XMDZ	项目地址	Varchar(200)	
BDMC	标段名称	Varchar(200)	
JSDW	建设单位	Varchar(100)	
JSDWZZJGDM	建设单位组织机构代码	Varchar(20)	
ZBJG	中标价格	Decimal(15,6)	
ZBMJ	中标面积	Decimal(15,2)	
ZBJGDX	中标价格大写	Varchar(100)	
ZBQYMC	中标企业名称	Varchar(100)	
ZBQYZZJGDM	中标企业组织机构代码	Varchar(20)	
ZBQYJJXZ	中标企业经济性质	Int	
ZBQYZZJDJ	中标企业资质及等级	Varchar(100)	
ZBQYZZZSH	中标企业资质证书号	Varchar(50)	
ZBTZSBH	中标通知书编号	Varchar(20)	
ZBTZSFBSJ	中标通知书发布时间	Date	
BAH	备案号	Varchar(50)	
BAJG	备案机构	Varchar(100)	
BASJ	备案时间	Date	
BZ	备注	Text	
BH	编号	Varchar(60)	

表4-10(续)

字段名	中文名	类型	值域
CreateTime	创建时间	datetime	
Ftime	更新时间	datetime	

表4-11　　　　　　　　　施工许可证信息

字段名	中文名	类型	值域
XKZID	ID	Varchar(60)	
XMBH	项目编码	Varchar(60)	
XMMC	项目名称	Varchar(200)	
XMDZ	项目地址	Varchar(200)	
JSDW	建设单位	Varchar(100)	
JSDWZZJGDM	建设单位组织机构代码	Varchar(20)	
JSDWDZ	建设单位地址	Varchar(200)	
JSDWFDDBR	建设单位法定代表人	Varchar(20)	
GCMC	工程名称	Varchar(200)	
GCBH	工程编号	Varchar(50)	
GCLB	工程类别	Int	
JSGM	建设规模	Float	
KDGD	跨度高度	Float	
JGLX	结构类型	Int	
HTJG	合同价格	Decimal(15,6)	
WBJE	外币金额	Decimal(15,6)	
WBBZ	外币币种	Int	
HTKGRQ	合同开工日期	Date	
HTJGRQ	合同竣工日期	Date	
HTBAH	合同备案号	Varchar(50)	
ZLJDBAH	质量监督备案号	Varchar(50)	
AQJDBAH	安全监督备案号	Varchar(50)	
XKZBH	许可证编号	Varchar(50)	
FZDW	发证单位	Varchar(100)	
FZRQ	发证日期	Date	
BZ	备注	Text	

表4-11(续)

字段名	中文名	类型	值域
CreateTime	创建时间	datetime	
Ftime	更新时间	datetime	

表 4-12　　　　　　　　　　**建设各方责任主体信息**

字段名	中文名	类型	值域
JSID	ID	Varchar(60)	
XMBH	项目编码	Varchar(60)	
DWGCBH	工程编码	Varchar(60)	
BH	编号	Varchar(60)	
CJDWLX	参建单位类型	Int	
QYID	企业编码	Varchar(60)	
CJDWMC	参建单位名称	Varchar(200)	
CJDWDZ	参建单位地址	Varchar(100)	
CJDWZZJGDM	参建单位组织机构代码	Varchar(20)	
CJDWZXZZJDJ	参建单位主项资质及等级	Varchar(100)	
CJDWZZZSBH	参建单位资质证书编号	Varchar(50)	
CJD-WAQSCXKZH	参建单位安全生产许可证号	Varchar(50)	
CJDWFR	参建单位法人	Varchar(20)	
CJDWLXDH	参建单位联系电话	Varchar(20)	
BZ	备注	Text	
CreateTime	创建时间	datetime	
Ftime	更新时间	datetime	

市场行为库，存放企业、人员市场行为数据，包括不良行为、优良行为等。

关键数据表结构如下：

表 4-13　　　　　　　　　　**不良行为情况**

字段名	中文名	类型	值域	描述
QYBM	企业编码	Varchar(20)		PK
QYMC	企业名称	Varchar(100)		

表4-13(续)

字段名	中文名	类型	值域	描述
XMBM	项目编码	Varchar(60)		
XMMC	项目名称	Varchar(200)		
WH	文号	Varchar(50)		
WJBT	文件标题	Varchar(50)		
BLXWFSRQ	不良行为发生日期	Date		YYYY-MM-DD
CFSS	处罚事实	Varchar(1 000)		
CFYJ	处罚依据	Varchar(1 000)		
CFJL	处罚结论	Varchar(1 000)		
CFJG	处罚机构	Varchar(100)		
KFZ	扣分值	Float		
SXRQ	生效日期	Date		YYYY-MM-DD
ZZRQ	终止日期	Date		YYYY-MM-DD
BZ	备注	Text		

表4-14 **良好行为情况**

字段名	中文名	类型	值域	描述
QYBM	企业编码	Varchar(20)		PK
QYMC	企业名称	Varchar(100)		
XMMC	项目名称	Varchar(200)		
XMBM	项目编码	Varchar(60)		
LHXWMC	良好行为名称	Varchar(100)		
WSBH	文书编号	Varchar(200)		
WSMC	文书名称	Varchar(200)		
JXLB	奖项类别	Int		
HJRQ	获奖日期	Date		YYYY-MM-DD
RYNR	荣誉内容	Text		
JFZ	加分值	Int		
ZFZ	总分值	Int		
BJDW	颁奖单位	Varchar(30)		
HJJS	获奖介绍	Varchar(200)		
FS	分数	Float		
BZ	备注	Text		

公共资源库，存放辅助信息，包括政策法规、办事指南等信息。

业务库，根据业务需要，存放业务数据，包括账号权限信息、填报信息、审批信息、打证信息等。

历史库，为存放业务审核历史，减轻业务库负担，提高业务系统效率而创建，存放业务的历史审核过程及其他业务数据。

归档库，业务库附加数据库，存放审核完结数据。

数据交换库，为其他各行业、单位提供数据交换的存放，通过该库为写入标准库提供缓冲。

扩展库，存放其他信息数据，为市场监管提供扩展开发准备。

发布库，外网展示数据，为提高数据安全性、访问效率而建立的数据库。包括新闻数据、公示公告数据，以及企业、人员、项目、市场行为等外网展示数据。

分析统计库，存放数据抽取、挖掘等结果数据，用于对整个数据的分析，以及数据对应的市场分析。

附件材料等非结构数据，按规则存放在固定的硬盘目录中，具体规则如表4-15、表4-16所示。

表 4-15　　　　　　　　　　基础数据库非结构数据

类型	目录规则
企业材料	QY \ 企业编码 \
人员材料	RY \ 身份证号 \ 企业编码 \
项目材料	XM \ 项目编码 \ 工程编码 \
其他材料	QT \ 材料类型 \

表 4-16　　　　　　　　　　业务数据库非结构化数据

类型	目录规则
企业材料	QYYW \ 企业编码 \ 业务编码 \
人员材料	RY \ 身份证号 \ 企业编码 \ 业务编码 \
项目材料	XM \ 项目编码 \ 工程编码 \ 业务编码 \
其他材料	QT \ 材料类型 \ 业务编码 \

三、物理设计

物理设计包含内容如表 4-17 所示。

表 4-17　　　　　　　　　　物理设计包含内容

类型	企业标准库		
数据库名	JST_XZSPBaseInfo	存放路径	根据服务器确定
排序规则	Chinese_PRC_CI_AS	自动增长方式	增量为 10%
恢复模式	完整	自动备份	是
类型	项目标准库		
数据库名	XM_BaseInfo	存放路径	根据服务器确定
排序规则	Chinese_PRC_CI_AS	自动增长方式	增量为 10%
恢复模式	完整	自动备份	是
类型	人员标准库		
数据库名	JST_XZSPBaseInfo	存放路径	根据服务器确定
排序规则	Chinese_PRC_CI_AS	自动增长方式	增量为 10%
恢复模式	完整	自动备份	是
类型	市场行为库		
数据库名	XW_BaseInfo	存放路径	根据服务器确定
排序规则	Chinese_PRC_CI_AS	自动增长方式	增量为 10%
恢复模式	完整	自动备份	是
类型	公共资源库		
数据库名	ZY_BaseInfo	存放路径	根据服务器确定
排序规则	Chinese_PRC_CI_AS	自动增长方式	增量为 10%
恢复模式	完整	自动备份	是
类型	业务库、历史库、归档库、交换库、扩展库		
数据库名	根据各业务确定	存放路径	根据服务器确定
排序规则	Chinese_PRC_CI_AS	自动增长方式	增量为 10%
恢复模式	简单	自动备份	是
类型	发布库		
数据库名	web_BaseInfo	存放路径	根据服务器确定
排序规则	Chinese_PRC_CI_AS	自动增长方式	增量为 10%
恢复模式	简单	自动备份	否

表4-17（续）

类型	统计分析库		
数据库名	TJ_BaseInfo	存放路径	根据服务器确定
排序规则	Chinese_PRC_CI_AS	自动增长方式	增量为 10%
恢复模式	简单	自动备份	否

第六节　数据仓库和发布设计

　　工程建设领域项目的数据来源于各地市工程建设审批主管部门和企业，通过采集汇总在一起，这些数据还只是大量的原始数据，存在杂乱和无用甚至错误的数据，不能满足发布和共享的准确有用的要求。通过工程建设领域项目信息管理子系统并按照项目信息公开目录和数据规范对初始数据进行汇总、整理后，去除无用的脏数据，形成符合共享规范的有效信息。有效信息经过审核后，再进行发布共享，保证发布信息的真实、准确、有效。工程建设领域项目信息管理过程如图 4-12 所示。

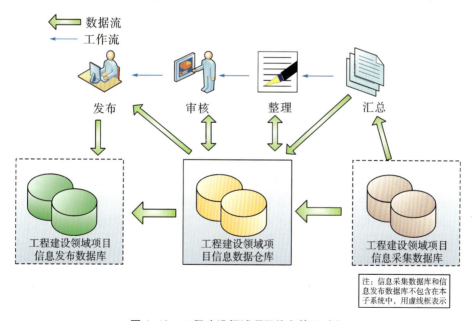

图 4-12　工程建设领域项目信息管理过程

根据图 4-12 所示，工程建设领域项目信息管理子系统包括了建立工程建设领域项目信息数据仓库，工程建设领域项目信息的汇总、整理、审核和发布。各功能的介绍如下：

一、建立工程建设领域项目信息数据仓库

工程建设领域项目信息数据仓库是工程建设领域项目信息管理子系统的核心，是整个建设领域信息发布共享的桥梁。从各处采集的工程建设领域项目的数据通过汇总整理后，形成有效有用的信息，作为信息发布的基础。

工程建设领域项目信息数据仓库的建立要依照前期制定的项目信息目录和数据标准，确保满足信息发布和共享的需要。

工程建设领域项目信息数据仓库包括以下内容：

1. 项目审批公开类表

● 项目建议书批复信息表：包括项目建议书批复的时间、批复部门、批复结果、批复文件扫描电子件等；

● 可行性研究报告批复信息表：包括可行性研究报告批复的时间、批复部门、批复结果、批复文件扫描电子件等；

● 初步设计方案批复信息表：包括初步设计方案批复的时间、批复部门、批复结果、批复文件扫描电子件等；

● 节能评估审查批复信息表：包括节能评估审查批复的时间、批复部门、批复结果、批复文件扫描电子件等；

● 规划选址意见批复信息表：包括规划选址意见批复的时间、批复部门、批复结果、选址意见书扫描电子件等；

● 用地批复文件信息表：包括用地批复的时间、批复部门、批复结果、用地许可证扫描电子件等；

● 环境影响评价审批信息表：包括环境影响评价审批的时间、批复部门、批复结果、批复报告扫描电子件等；

● 项目核准信息表：包括项目核准时间、核准部门、核准结果、核准文件扫描电子件等。

2. 项目建设管理公开类表

● 项目基本信息表：包括项目名称、项目概况、建设时间、投资规模、项目经理、建设单位信息、参建单位信息等；

● 招投标信息表：包括招标事项、招标公告、投标资格预审公告和中标结果等；

- 征地拆迁信息表：包括征地拆迁负责人及联系方式、项目用地审批意见、项目涉及征地、拆迁公告、工作方法原则和已支付的拆迁补偿费用总额等；
- 重大设计变更信息表：包括设计变更管理依据、项目变更时间、变更原因、资金变更、变更内容、审批单位等；
- 施工管理信息表：包括项目进度计划、完成情况等；
- 合同履约信息表：包括施工单位项目考核，参建单位主要相关人员按合同履约到场信息，建设单位按合同支付资金信息，设备、材料采购资金使用情况等；
- 质量安全检查信息表：包括工程质量安全监督机构及质量安全监督负责人，项目质量安全监督检查的内容及结果，项目质量，安全鉴定结果等；
- 资金管理信息表：包括项目资金筹措及到位情况、工程款支付情况、资金概预算执行情况等；
- 交竣工验收信息表：包括交竣工验收时间、交竣工验收结果、交竣工验收报告的核备等内容、档案；监理、环保消防等单位项目验收报告等信息；项目审计、工程结算、档案验收、交付使用时间、验收报告等。

3. 从业单位、从业人员类表

- 从业单位行为信息表：包括从业单位的良好行为记录信息，不良行为记录信息等；
- 主要从业人员行为信息表：包括主要从业人员良好行为记录信息，不良行为记录信息等。

二、工程建设领域项目信息汇总

通过工程建设领域项目信息汇总功能，将采集子系统中符合项目信息目录和数据标准的数据抽取汇总到工程建设领域数据仓库中。包括以下功能：

1. 建立数据对应关系

按照工程建设项目信息目录，分析数据仓库中的数据来自于采集子数据库的哪些表和字段，在工程信息管理子系统中建立采集数据库和数据仓库数据表、数据字段之间的对应关系，汇总时就根据建立的对应关系，将采集数据库中的数据写入数据仓库中对应的表中。

系统提供可视化的数据对应关系建立工具，后期可以根据需要调整数据汇总的对应关系，如图 4-13 所示。

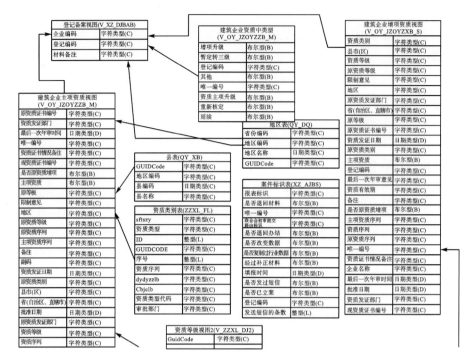

图 4-13　工程建设领域项目信息关系图

2. 工程建设项目信息提取汇总

按照建立好的数据对应关系，从采集系统数据库相应的表中提取工程建设项目信息，汇总写入数据仓库中对应的信息表。

提取汇总的方式分为自动汇总和实时汇总：

●　自动汇总：设置从采集数据库中提取汇总的时间，例如每日凌晨 2 点，到时项目信息管理子系统自动进行数据汇总；

●　实时汇总：有时会存在需要立即提取汇总最新项目信息的情况，此时只需要系统中有汇总数据权限的操作人员点击执行汇总操作的按钮，系统立即进行数据提取汇总。

三、工程建设领域项目信息整理

从采集数据库中提取汇总的数据，需要经过整理，去除无效的数据、修改错误的数据、补充缺少的数据，增加辅助的图片、视频、链接等，对缺少关系的项目数据建立项目数据之间的关联关系等。

通过一系列的整理，使采集数据变成有效适用的信息，适应于网上发布和共享。

数据的整理工作由住房和城乡建设厅、地市建设领域管理部门、区县建设领域管理部门来进行。地市建设领域管理部门、区县建设领域管理部门只能整理自己所管理审批的项目的信息，省住房和城乡建设厅可以整理全省建设项目信息。信息的整理过程与整理时间在系统日志中进行记录。

四、工程建设领域项目信息审核

整理好之后的工程建设领域项目信息需要经过审核才能作为共享信息进行发布，避免发布不当和错误的信息。

- 信息审核：信息审核人员从已整理好的工程项目信息中选择一条信息，打开信息查看界面进行审核，对于满足共享发布的信息，勾取"审核"，表示该条信息审核通过，可以发布共享；
- 批量审核：审核人员可以查看审核多条信息，然后一次性对多条信息勾取"审核"。

数据的审核工作由住房和城乡建设厅、地市建设领域管理部门、区县建设领域管理部门来进行。地市建设领域管理部门、区县建设领域管理部门只能审核自己所管理审批的项目的信息，省住房和城乡建设厅可以审核全省建设项目信息。信息的审核人与审核时间在系统日志中进行记录。

五、工程建设领域项目信息发布

审核通过的信息进入待发布列表中，信息发布人员选择需要发布的信息，点击界面上的"发布"按钮，将工程建设领域项目信息发送到信息公开共享平台，实现工程建设信息的公开和共享。

数据的发布工作由住房和城乡建设厅、地市建设领域管理部门、区县建设领域管理部门来进行。地市建设领域管理部门、区县建设领域管理部门只能发布自己所管理审批的项目的信息，省住房和城乡建设厅可以发布全省建设项目信息。信息的发布人与发布时间在系统日志中进行记录。

第七节　对外接口设计

为了整合省住房和城乡建设厅已存在的业务系统和数据资源，在系统设计与开发过程中，需要考虑到与其他系统的数据交换服务。这些接口服务大致分为两类：一类是由省住房和城乡建设厅牵头为各处室建设的业务系统和直属单位业务管理支撑系统提供政务数据资源交换接口；另一类是集成使用第三方开发的信息资源接口。

一、政务信息资源接口总体结构

政务信息资源接口总体结构如图 4-14 所示。

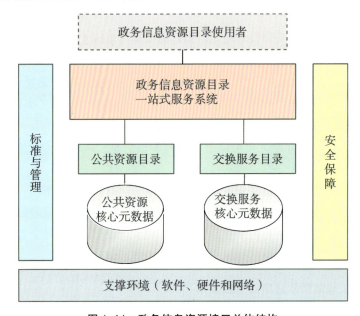

图 4-14 政务信息资源接口总体结构

政务信息资源接口体系主要由政务信息资源接口服务系统组成，同时还具备软硬件、网络的支撑环境，以及标准与管理规范建设和安全保障。

1. 政务信息资源接口使用者

政务信息资源接口使用者通过政务信息资源接口一站式服务使用接口服务。

2. 接口信息与服务

政务信息资源接口与服务包括三个层次：接口信息层、功能服务层和服务表现层。

- 接口信息层：由公共资源核心元数据库和交换服务核心元数据库组成。
- 功能服务层：主要由公共资源接口和交换服务接口组成。
- 服务表现层：主要由政务信息资源接口一站式服务系统组成，向政务信息资源使用者提供信息资源的发现和定位服务。为便于政务信息资源使用查询定位功能而进行的接口的展现。

3. 支撑与保障

- 标准与管理规范：规范政务信息资源接口体系的相关标准与管理规范。
- 安全保障：遵循国家关于信息安全保障的相关标准。
- 支撑环境：包括系统的软件、硬件和网络。

二、接口体系概念模型

接口体系概念模型如图 4-15 所示。

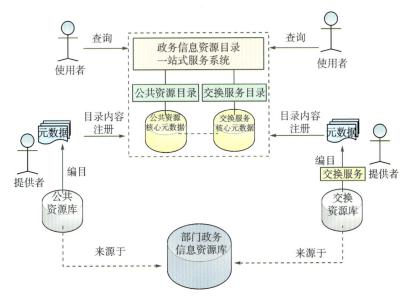

图 4-15　政务信息资源接口体系概念模型

公共资源库和交换资源库均依托部门业务系统建立，提供者从中分别提取出公共资源和交换服务的特征信息，编目形成公共资源核心元数据，数据接口服务注册到公共资源核目录元数据库和交换服务元数据库中，分别生成公共资源目录查询接口和交换服务接口。使用者通过政务信息资源接口一站式服务对政务信息资源进行接口查询。

三、政务信息资源接口技术架构

政务信息资源接口基于目前业界成熟的技术标准，使用可扩展标记语言（Extensible Markup Language，XML）和简单对象访问协议（Simple Object Access Protocol，SOAP），构建于网络传输层和基于 SOAP 协议的 XML 消息传输层之上，使用 Web 服务描述语言（Web Services Description Language，

WSDL）对外提供统一的 XML 接口规范［与交互式数据语言（Interactive Data Language，IDL）类似］。分层结构如图 4-16 所示。

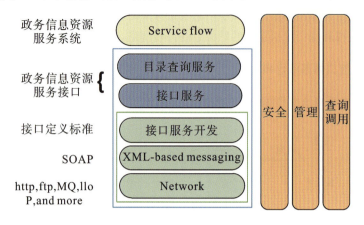

图 4-16　政务信息资源接口的分层 Web 服务协议栈

四、工作流程

对公共资源核心元数据和交换服务资源核心元数据编目，并通过注册中心系统向政务信息资源接口注册。管理者发布已注册的接口内容。政务信息资源接口使用者（以下简称使用者）通过政务信息资源接口一站式服务向管理者发送接口查询请求，注册中心将查询结果分别返回给使用者。如图 4-17 所示。

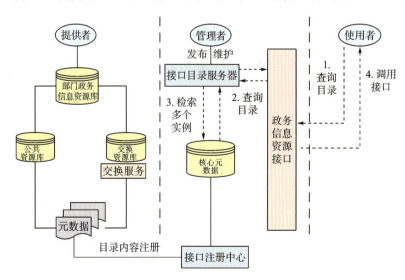

图 4-17　政务信息资源接口工作流程图

五、政务信息资源接口工作原理

政务信息资源接口提供了一种编程模型和模式，它定义与注册中心的通信规则。政务信息资源接口中所有 Web 服务接口都使用 XML 语言来定义，包装在 SOAP 协议中通过 HTTP 协议传输。

政务信息资源接口包括 4 种主要的数据类型：JKCbusinessEntity、JKCbusinessService、JKCbindingTemplate 和 tJKCModel。图 4-18 展示了所有这些数据类型之间的关系。

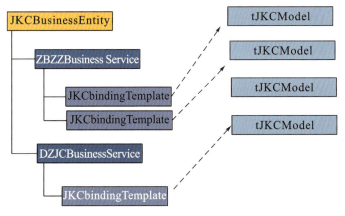

图 4-18 政务信息资源接口数据类型关系图

JKCbusinessEntity 作为政务信息资源接口服务的提供者，提供关于政务信息资源接口的信息，可以包含一个或多个 JKCbusinessService。Web 服务的接口和接口描述在 JKCbusinessService 和其 JKCbindingTemplate 中被定义。每个 JKCbindingTemplate 包含一个对一个或多个 tJKCModel 的引用。tJKCModel 被用于定义接口的技术规范。

六、基本功能

接口服务系统的基本功能包括接口内容编目、注册、发布、查询、维护。

1. 编目

提供公共资源核心元数据和交换服务资源核心元数据的编辑功能，包括：

（1）提取政务信息相关特征信息，形成公共资源核心元数据；

（2）提取交换服务资源的相关特征信息，形成交换服务核心元数据；

（3）对政务信息资源核心元数据中的分类信息进行赋值；

（4）提供者可在编目时对政务信息资源进行唯一标识符的赋码。

2. 注册

政务信息资源接口提供者向政务信息资源接口管理者注册公共资源核心元数据和交换服务核心元数据。

注册的功能包括：

（1）提交

通过管理者和提供者之间的政务信息资源元数据汇交平台，实现政务信息资源元数据访问接口的注册提交。

（2）审核

通过建立相应的审核系统，管理者确认提供者提交的政务信息资源元数据接口是否符合平台标准要求。未通过审核的元数据接口应返回给提供者修改。

对于提供者已经对政务信息资源接口唯一标识符赋码的情况，管理者对政务信息资源的唯一标识符进行审核，检查提供者所提交的唯一标识符是否符合标准要求。如果不符合，管理者则对该标识符进行修订，并将对该标识符的赋码返回给提供者。

对于提供者未对政务信息资源接口唯一标识符赋码的情况，由管理者对政务信息资源接口的唯一标识符进行赋码。

（3）入库

对于通过审核的元数据接口，实现元数据的入库管理，形成正式的接口。这里的库指的是管理者向使用者提供政务信息资源接口服务的核心元数据库。

3. 发布

管理者发布接口内容，包括公共资源核心元数据和交换服务资源核心元数据。管理者通过接口服务器，把政务资源核心元数据库的内容发布到一站式系统中。发布具备的基本功能包括：

（1）发布服务管理

发布服务管理的管理对象是接口服务器，它控制接口服务器的运行。并通过接口服务器的相关管理功能，实现指定部分的元数据是否可对外服务。

（2）发布服务接口

政务资源接口注册中心，服务接口被作为 tJKCModel 发布。tJKCModel 由服务接口提供者发布。tJKCModel 中的一些元素是使用来自 WSDL 服务接口描述中的信息构建的。tJKCModel 的元素描述如表 4-18 所示。

表 4-18 tJKCModel 的元素描述

tModel 属性	服务接口	描述
name	definitions 元素的 tar-getNamespace 属性	tModel 名称使用服务接口文档的目标名称空间设置。名称需要一致以确保只使用服务实现文档中的信息就可以定位 tModel。
description	definitions 元素中的 documentation 元素	tModel description 元素被限制为只能使用 256 个字符。这个元素的英文值可根据 definitions 元素的前 256 个字符设置（documentation 元素与服务接口文档中的 definitions 元素相关联）。如果 documentation 元素不存在，那么应该使用 definitions 元素中的 name 属性。
overviewURL	服务接口文档 URL 和绑定规范	服务接口说明文档的位置必须在 overviewURL 元素中设置。如果服务接口文档中有多个绑定，那么必须在 URL 中对绑定进行编码。

政务信息资源接口示例：

```
<? xml version="1.0"? > <definitions name="StockQuoteService" targetNamespace="
http://www.getquote.com/StockQuoteService" xmlns: interface=" http://www.getquote.
com/StockQuoteService-interface" xmlns: xsd=" http://www.w3.org/2001/XMLSchema"
xmlns: soap=" http://schemas.xmlsoap.org/wsdl/soap/" xmlns=" http://schemas.xmlsoap.
org/wsdl/"> <documentation> This service provides an implementation of a standard stock
quote service. The Web service uses the live stock quote service provided by XMLtoday.com.
The XMLtoday.com stock quote service uses an HTTP GET interface to request a quote, and
returns an XML string as a response. For additional information on how this service obtains
stock quotes, go to the XMLtoday.com web site: http://www.xmltoday.com/examples/soap/
stock.psp. </documentation> < import namespace=" http://www.getquote.com/Stock-
QuoteService-interface" location="http://www.getquote.com/wsdl/SQS-interface.wsdl"/>
< service name=" StockQuoteService"> < documentation> Stock Quote Service </
documentation> <port name=" SingleSymbolServicePort" binding=" interface: SingleSym-
bolBinding"> <documentation>Single Symbol Stock Quote Service</documentation> <soap:
address location="http://www.getquote.com/stockquoteservice"/> </port> </service> </
definitions>
```

4. 查询

政务信息资源接口为应用系统提供标准的调用接口，支持公共资源核心元数据和交换服务核心元数据的查询。可使用 UDDI find_ service 消息查找服务描述，或者说它可用于查找实现某个特定的服务接口的服务描述。服务实现描述如下：

```
<? xml version = "1.0"? > <find_service businessKey = "..." generic = "1.0" xmlns = "urn:uddi-org:api" > <categoryBag> <keyedReference tModelKey = "UUID:DB77450D- 9FA8-45D4-A7BC-04411D14E384" keyName = "Stock market trading services" keyValue = "84121801"/> </categoryBag> </find_service>
```

5. 维护

公共资源核心元数据库和交换服务接口的建立、更新、备份与恢复，此外还包括以下主要功能：

- 服务监控，监控接口服务器的运行；
- 日志分析，根据元数据查询日志，统计访问中心网站的次数，统计不同政务信息资源接口的查询次数；
- 用户反馈，管理用户的反馈意见，并和提供者进行协调。

七、接口安全系统设计

为了保证系统的安全运行，各种接口渠道都应该保证其接入的安全性。接口的安全是信息系统安全的一个重要组成部分。为了保证接口的自身安全，需要通过接口实现技术上的安全控制，做到对安全事件的"可知、可控、可预测"，是实现信息系统安全的一个重要基础。

针对每一系统的接入，可以按照接入业务的分类，分配不同的服务授权标识，并在接口调用时，实行一次性口令认证，用以保证接口访问的安全。为了保证接口的安全，还需要对接口通信服务器的系统日志、接口应用服务器的应用日志进行实时收集、整理和统计分析，采用不同的介质存档。

1. 系统安全技术方案

在接口访问和数据交换过程中需要保证接口资源的请求者是合法的，数据传输过程安全可靠。这样政务信息资源接口系统涉及的安全性主要包括三个需求：（a）验证（authentication）、（b）数据完整性（data integrity）和（c）数据机密性（data confidentiality）。基于以上安全需求，系统通过遵循和实现 Web 服务安全模型（WS-Security）来保证系统的安全性。完整实现包括：

- Web 服务的发送方进行请求或响应
①使用它们的 X.509 证书的私钥来签署消息；
②使用接收方的 X.509 证书的公钥来加密消息，以便确保只有它们才能

访问消息内容。

- Web 服务的接收方进行请求或响应

③使用发送方的公钥来检验消息签名的真实性，以及确认消息内容是否完整；

④使用它们的 X.509 证书的私钥来解密消息。

2. 身份认证和授权管理

接口系统安全框架支持内部的 CA 证书系统：

- 向不同的接口用户颁发 CA 证书；
- 业务系统访问接口时需要验证 CA 证书；
- 系统安全认证接口进行身份认证，授权管理系统进行权限检查。

3. 数据交换过程的安全保障

数据交换过程的安全保障主要指信息在交换过程中不能被非法篡改、不能被非法访问、数据交换后不能抵赖等功能。下面我们详细分析接口系统安全引擎是如何确认请求的合法性。

如图 4-19 所示，当接口系统接收到使用者发送过来的 web 服务请求时，接口系统根据访问者提供的 URL 中包含的路由信息，自动定位到接口系统安全处理引擎。安全处理引擎负责识别 SOAP 协议头中携带的证书，使用对称算法来解密数据，一旦确认数据的真伪，安全引擎就会把控制权交由接口实现程序完成访问请求。

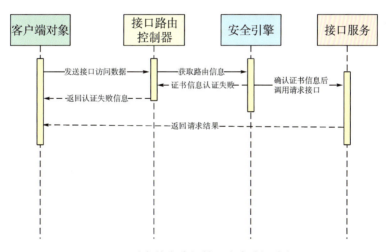

图 4-19　政务信息资源接口安全验证流程图

第八节　系统运行环境设计

系统运行环境是应用软件运行的基础，包括服务器、计算机、存储设备、系统软件、网络设备、安全设备、局域网、广域网、终端设备等。下面按照系统的节点进行说明：

一、服务端

服务端设备主要是服务器和存储，服务器按照硬件体系结构划分为基于RISC（精简指令集计算）的 UNIX 操作系统服务器和基于 CISC（复杂指令集计算）的 PC 服务器。根据建筑市场监管的特性不属于在线服务和交易等持续性业务，以及考虑到成本控制，选择 CISC 处理器的 PC 服务器。

1. 硬件

（1）数据库服务器：特点为内存大，硬盘速度快、容量大、安全性能高。

- 类型：机架式或者刀片服务器；
- CPU：数量为 2 颗以上（2、4、6、8）、频率大于 2.2GHz、每颗 4 核以上（4、6、8、10、12）；
- 内存：32G 以上 DDR3 或 DDR4；
- 硬盘：热插拔 15 000 转 SAS 硬盘，RAID 5，3 块以上（>=3），每块容量为 300G 以上；
- 网卡：双千兆或万兆网卡，RJ45 口或者光纤口；
- 电源：冗余热插拔电源；
- 风扇：冗余风扇。

（2）应用程序服务器：特点为计算速度快。

- 类型：机架式或者刀片服务器；
- CPU：数量为 4 颗以上（4、6、8）、频率大于 2.6GHz、每颗 8 核以上（8、10、12）；
- 内存：24G 以上 DDR3 或 DDR4；
- 硬盘：热插拔 15 000 转 SAS 硬盘，RAID 0 或 1，2 块以上（>=2），每块容量为 300G 以上；
- 网卡：双千兆或万兆网卡，RJ45 口或者光纤口；
- 电源：冗余热插拔电源；

- 风扇：冗余风扇；
- 磁盘阵列连接：FC 或者 SAS。

（3）文档服务器：特点为硬盘容量大、速度快。

- 类型：机架式或者刀片服务器；
- CPU：数量为 2 颗以上（2、4、6、8）、频率大于 2.0GHz、每颗 4 核以上（8、10、12）；
- 内存：16G 以上 DDR3 或 DDR4；
- 硬盘：热插拔 10 000 转以上 SAS 硬盘，RAID 5，3 块以上（>=3），每块容量为 600G 以上；
- 网卡：双千兆或万兆网卡，RJ45 口或者光纤口；
- 电源：冗余热插拔电源；
- 风扇：冗余风扇；
- 磁盘阵列连接：FC 或者 SAS。

（4）报表引擎服务器和 BI 服务器：特点为内存大、计算速度快、硬盘转速快。

- 类型：机架式或者刀片服务器；
- CPU：数量为 4 颗以上（4、6、8）、频率大于 2.2GHz、每颗 8 核以上（8、10、12）；
- 内存：24G 以上 DDR3 或 DDR4；
- 硬盘：热插拔 15 000 转 SAS 硬盘，RAID 0 或 1，2 块以上（>=2），每块容量为 300G 以上；
- 网卡：双千兆或万兆网卡，RJ45 口或者光纤口；
- 电源：冗余热插拔电源；
- 风扇：冗余风扇。

（5）前置服务器：普通配置，用户接收外部数据来源或者给外部系统提供数据。

- 类型：机架式或者刀片服务器；
- CPU：数量为 2 颗以上（2、4、6、8）、频率大于 2.0GHz、每颗 4 核以上（4、6、8、10、12）；
- 内存：8G 以上 DDR3 或 DDR4；
- 硬盘：热插拔 7 200 转 SAS 硬盘，RAID 5，3 块以上（>=3），每块容量为 300G 以上；
- 网卡：双千兆或万兆网卡，RJ45 口或者光纤口；

- 电源：冗余热插拔电源；
- 风扇：冗余风扇。

（6）磁盘阵列：硬盘容量大。

- 支持相应服务器的操作系统；
- 数据服务器连接硬盘：10 000 转以上 SAS 硬盘，RAID 5，8 块以上（>=8），每块容量为 600G 以上；
- 文档服务器连接硬盘：10 000 转以上 SATA 硬盘，RAID 5，8 块以上（>=8），每块容量为 2T 以上；
- 和服务器连接方式：SAS 线或者光纤。

2. 软件平台

- 操作系统：根据选择的数据库管理系统软件，数据库服务器操作系统可以为 Unix、Linux、Windows；其他服务器操作系统为 Windwos，目前版本为 2008 或者 2012；
- 数据库管理系统：Oracle 11g 或者 SQL Server 2012；
- Web Server：应用服务器使用 Windows Server 的 IIS，报表服务器和 BI 服务器采用 Tomcat 或者 Weblogic；
- 报表引擎：采用帆软 FineReport；
- BI 平台：采用 Oracle BI；
- 视频管理平台：采用大华 DH-DSS。

二、网络

- 后端设备之间采用千兆或者万兆的高速局域网络；
- 对外采用 10M 以上的独立互联网光纤线路；
- 上下级数据交换采用 VPN 通道。

三、操作端

1. 个人计算机

- 类型：台式机或者笔记本电脑；
- CPU：Intel 酷睿 i5 双核以上，频率为 2.0GHz 以上；
- 内存：4G 以上 DDR3 或者 DDR4；
- 硬盘：100G 以上 7200 转 SATA 硬盘；
- 网卡：100M 以上；
- 显卡：1G 以上独立显卡；
- 显示器：19 寸以上液晶显示器；

- 键盘：USB 接口全功能人体工程键盘；
- 鼠标：USB 接口光电鼠标；
- USB 接口：4 个以上；
- 操作系统：Windows 7 以上 64 位专业版或者旗舰版；
- 浏览器：IE 9.0 以上；
- 报表插件：Flash 播放器 10 以上。

2. 平板电脑

- CPU：双核 2.0GHz 以上；
- 内存：2G 以上；
- 外存：16G 以上固态硬盘；
- 网卡：无线网卡；
- 屏幕：10 寸以上；
- USB 接口：1 个以上；
- 操作系统：安卓 4.0 以上；
- 浏览器：谷歌 Chrome 20 以上；
- 报表插件：Flash 播放器 10 以上。

3. 手机

- CPU：4 核 1.2GHz 以上；
- 内存：2G 以上；
- 外存：16G 以上；
- 网卡：无线网卡；
- 屏幕：5 寸以上；
- 操作系统：安卓 4.0 或者 IOS 9.0 以上。

第九节　安全体系设计

一、系统安全

1. 总体目标

充分考虑现有数据的安全性、系统高可用性以及容灾能力。为了提升系统的可靠性和数据的安全性，实现核心业务系统的自动化备份保护，应用系统、数据系统的高可用，在构建可靠备份、高可用系统的同时，将本地数据同步至远端机房，实现系统容灾。

系统安全体系设计结构如图 4-20 所示。

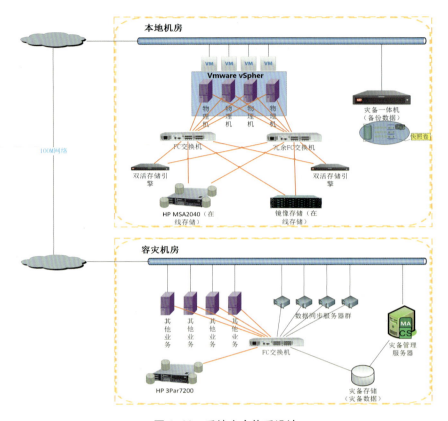

图 4-20　系统安全体系设计

（1）在本地建立集中备份系统

原有的系统及数据备份通过人工手动备份＋备份软件的策略备份方式实现，但由于系统存在海量小文件，备份频率较低，恢复对于设备和人员操作熟练性的依赖度较高，恢复效率较低。通过实施快速复制＋快照等实时备份机制，可实现快速地增量备份和更加精细的时间点甚至 I/O 级数据恢复。

在本地机房通过灾备一体机，对在线数据进行实时同步，并按照需要保留相应的历史数据副本。

（2）在本地建立高可用系统

为实现应用系统的 24 小时在线，需实现计算系统之间硬件和软件的冗余设计、存储网络的冗余设计、数据在物理和逻辑层面的高可用性设计，建成一套能够涵盖并处理软硬件失效、物理故障、逻辑错误等多种故障场景的高可用业务系统。

通过在高性能服务器设备部署 VMware vSphere 虚拟化平台，将数据库、应用等迁移至虚拟机，提高系统、数据库、业务服务的可用性，防止服务器故障造成的业务中断。并通过新增镜像存储及存储双活引擎，实现数据及数据链路的全冗余架构，保证数据的7×24小时可用。

（3）建立异地容灾系统

实现两个机房间完整的数据保护机制，能够进行多层次、多角度的数据保护，以应对站点级故障带来的数据风险，确保数据内容逻辑层面的完整性、一致性及数据的可用性。

通过在两端机房部署数据复制软件，将业务数据由机房间的100M网络同步至远端机房，并在远端机房部署灾备服务器及相关应用。灾难发生时能够由灾备机房接管业务。

2. 本地备份系统

（1）实施目标

部署安装备份设备，使用实时数据同步+快照保护机制，实现最基本的数据保护；解决硬件故障、数据逻辑错误、多版本保留等问题。

（2）原理概述

实时备份与快速恢复系统基于数据同步复制技术，通过实时同步I/O，实现数据从源端到目标端的持续捕获，并且可以全自动或手动创建数据恢复点，以确保数据发生错误时，恢复数据到最新的时间点。设计原理如图4-21所示。

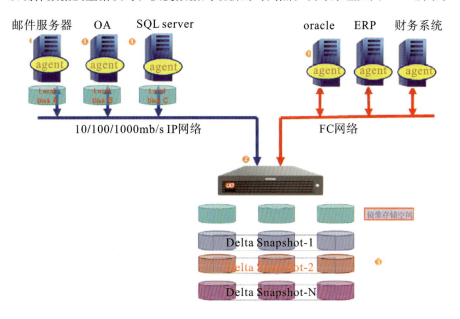

图4-21　本地备份系统设计原理

恢复点采用基于时间点的快照技术，以块级增量快照的方式记录下数据源卷的变化，产生多个基于时间点的数据影像。当用户需要恢复数据时，只需要找到一体机中相应的恢复点（快照），直接进行恢复，就可以使源端数据恢复到恢复点状态；也可以手动挂载快照到某台计算机上，查看、复制其内容或者将其共享于网络，供其他主机使用、数据验证、灾备演练等。对快照数据的操作不会影响到生产应用系统，并且数据快照可以多次使用，用户可以基于数据快照进行功能测试或数据挖掘，使数据的价值最大化。

快照技术原理如图 4-22 所示。

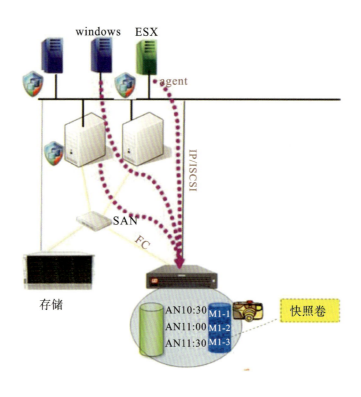

图 4-22　快照技术原理

（3）目标拓扑

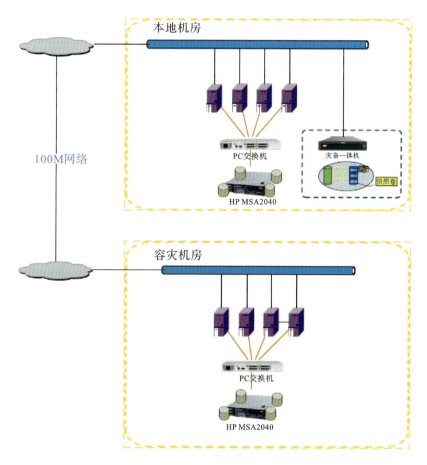

图 4-23　数据本地备份系统拓扑图

3. 应用高可用

（1）实施目标

本章解决本地机房服务器、操作系统、应用软件故障造成的业务中断；实现故障自动切换，保障业务连续。

针对应用的高可用方案用户指定使用 VMware vSphere 服务器虚拟化方案实现，需要在物理服务器上部署 vSphere 服务器虚拟化软件，将现有业务迁移至虚拟机，具有使用简单，管理集中等特点。

（2）原理概述

vSphere HA 通过监控虚拟机以及运行这些虚拟机的主机，为实现高度可用的环境奠定了基础，它在整个虚拟化 IT 环境中实现软件定义的高可用性，而不像传统集群解决方案那样花费高成本或实现起来过于复杂。

VMware vSphere High Availability（HA）可为虚拟机中运行的应用提供易于使用、经济高效的高可用性。一旦物理服务器出现故障，VMware HA 可在具有备用容量的其他生产服务器中自动重新启动受影响的虚拟机。若操作系统出现故障，vSphere HA 会在同一台物理服务器上重新启动受影响的虚拟机。其运行流程如图 4-24 所示。

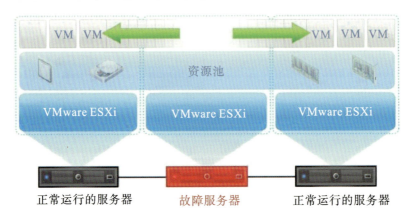

图 4-24　VMware HA 运行流程

vSphere HA 利用配置为群集的多台 ESXi 主机，为虚拟机中运行的应用程序提供快速中断恢复和具有成本效益的高可用性。vSphere HA 通过以下方式保护应用程序可用性：

● 通过在群集内的其他主机上重新启动虚拟机，防止服务器故障

● 通过持续监控虚拟机并在检测到故障时对其进行重新设置，防止应用程序故障

与其他群集解决方案不同，vSphere HA 提供基础架构并使用该基础架构保护所有工作负载。无需在应用程序或虚拟机内安装特殊软件，所有工作负载均受vSphereHA 保护。配置 vSphereHA 之后，不需要执行操作即可保护新虚拟机，它们会自动受到保护，可以将 vSphereHA 与 vSphere Distributed Resource Scheduler（DRS）结合使用以防止出现故障，以及在群集内的主机之间提供负载平衡。

vSphere App HA 利用 VMware vFabric Hyperic 来监控应用。App HA 虚拟设备用于存储和管理 App HA 策略。Hyperic 用于监控应用并强制实施 App HA 策略。

完成部署 Hyperic 和 App HA 虚拟设备这一简单过程之后，Hyperic 代理将安装在包含将受 App HA 保护的应用所在的虚拟机中。可在 vSphere Web Client的管理部分配置 App HA 策略。这些策略可用于定义各种项目，例如 App HA

尝试重新启动某项服务的次数、等待服务启动的分钟数、服务启动失败以及服务不稳定时用于重置虚拟机的选项。

（3）目标拓扑

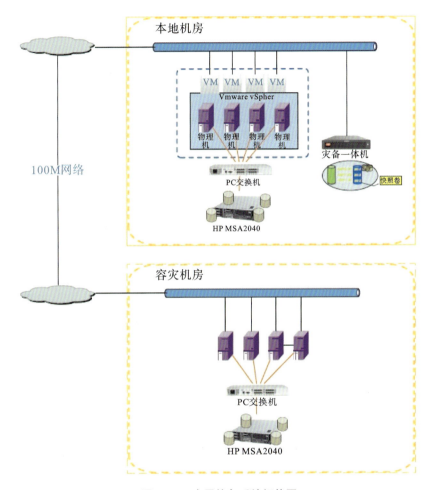

图 4-25　应用热备系统拓扑图

4. 数据高可用系统

（1）实施目标

服务器虚拟化只能实现应用的不中断，所有业务所依赖的共享存储仍然存在单点故障风险。如何构建一套高可用的数据存储系统成为实现业务 7×24 小时连续的关键。

因此，本章目标在于解决本地机房存储、光纤交换机、光纤卡等物理设备的单点故障所造成的业务数据无法访问的问题；实现故障自动切换，保障业务连续。计划通过新增镜像存储和存储双活引擎方式，实现硬件全冗余及故障自动切换。

（2）原理概述

如图4-26所示，双活引擎可以允许主机跨多个存储阵列同时对相同数据进行读写访问，使单一存储阵列故障不会造成业务中断和数据丢失，这些阵列可以位于相同的数据中心或者跨越不同的数据中心。

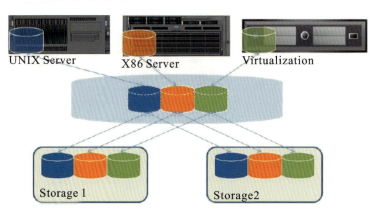

图4-26　数据热备系统原理图

如图4-27所示，存储双活引擎并不缓存和处理由主机端发出的所有数据（DATA），而是通过在存储网络链路中对主机发出的SCSI命令进行解析，将SCSI命令中的地址信息和数据信息分离，以原始SCSI命令的地址信息将数据信息发送到后端两套（或多套）存储阵列，从而实现后端阵列的对等双活。同时，借助主机端MPIO对数据负载的分配，多个引擎可以并行的承载来自主机端不同路径的数据访问业务，实现真正的负载均衡。

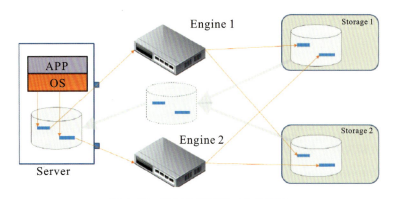

图4-27　数据热备系统工作流程图

对于"写"操作的 SCSI 命令，引擎在 Mirror LUN 所有成员 LUN 返回写入成功指令后才向前端主机返回写操作确认，严格保障数据的一致性；引擎在做数据分流时并不需要对所有数据进行缓存和处理，消除了因引擎故障（硬件损坏或者突然断电）而造成数据丢失的可能性，同时能够降低数据分流对整体双活存储系统性能造成的影响。

（3）目标拓扑

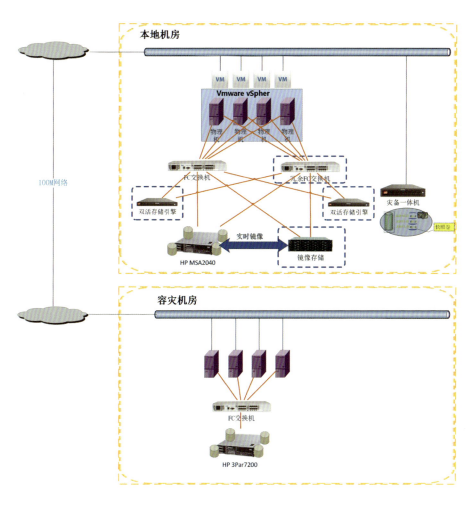

图 4-28　数据热备系统拓扑图

5. 远程容灾系统

（1）实施目标

在容灾机房保留完整的业务数据，并能够通过容灾设备接管业务，彻底解决站点级故障造成的业务崩溃。

计划使用数据连续软件进行数据备份及远端容灾，捕捉系统的数据变化，将其发送到远端机房，经过灾备主机软件解析，写入灾备存储。

（2）原理概述

如图4-29所示，当源端计算机写入数据时，复制的数据被软件获取，字节级别的变化都被传送到目的计算机，在目的计算机上被再次写入。复制过程分两个阶段来传送数据，开始时创建一个基本的复制，接下来对数据集合中的数据进行连续的、增量数据更新。一个记录机制被用来确保把增量变化数据传送到目标的可靠性，在工作时间，网络带宽控制也被用来限制源计算机传送数据的流量。根据数据的类型、数据集合的大小和数据的变化率，复制方法能够提供更有效、性价比更高的选择来保护异地的数据资源。

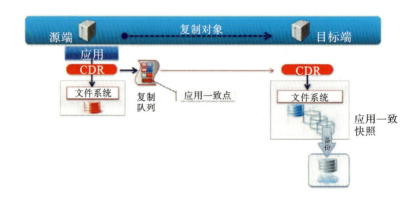

图4-29 远程容灾系统原理示意

（3）目标拓扑

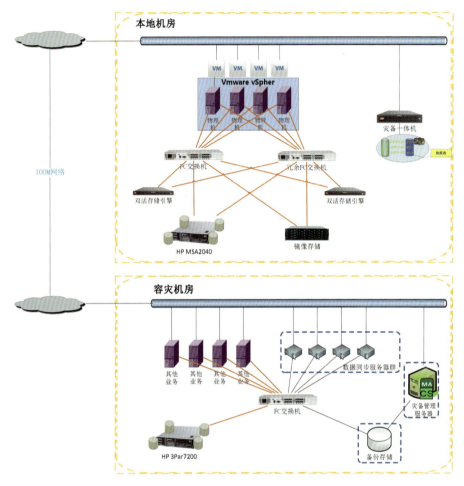

图 4-30　远程容灾系统拓扑图

6. Web 应用防护

Web 应用防火墙是针对 WEB 应用的专用级防火墙，其功能主要针对黑客发起的一系列 WEB 应用方面的攻击行为进行防御。提供双向的安全检测和防护能力，通过多模式匹配的方式，对已知的 WEB 应用安全攻击进行防护。防护主要功能包括：SQL 注入攻击、XSS 跨站攻击、系统命令注入、Cookie 劫持、参数及表单篡改、缓冲区溢出、CSRF 攻击等。另外还提供服务器返回报文的反向检测，对错误信息等敏感信息进行屏蔽和过滤。

Web 应用防火墙能有效防范多种 Web 安全威胁，全面覆盖 OWASP Top 10

安全标准的攻击类型，同时支持 PCI 标准的安全检测和防护；支持自定义防护安全策略规则，能够针对 URL 级别定义安全防护策略，支持 URL 级别的黑白名单机制；为用户提供透明代理、反向代理、路由旁路多种部署模式，为WEB 应用提供全方位的安全防护。

Web 应用防火墙主要从网站系统可用性和信息可靠性的角度出发，满足用户对于 Web 安全防护、Web 加速、网页防篡改等功能的核心需求。提供事前预警、事中防护、事后分析的全周期安全防护解决方案。

（1）产品部署

支持多种部署方式，适用于多种业务场景，可根据实际网络环境进行灵活部署。

①透明模式（如图 4-31 所示）

图 4-31　Web 应用防护产品部署透明模式图

在透明防护模式下，流经 WAF 的 WEB 流量不会发生任何改变。在该模式下，WAF 的部署模式灵活简便，对现有的网络环境不会引起任何改变，能快速的实现"即插即用"的设备部署上线。

②反向代理模式（如图 4-32 所示）

图 4-32　Web 应用防护产品部署反向代理模式图

反向代理模式是一种应用层级的 WEB 应用安全检测和防护模式，在部署环境中，Client 访问的目的 IP 将变成 WAF 上的 VIP，WAF 再通过反向代理的方式来访问真实的 Web Server。

反向代理的防护能力与透明代理相同，缺点是部署时需要对现有网络环境进行配置改造，优点是可以获得一些增值的功能，如路由、负载均衡等。

③旁路监控模式（如图4-33所示）

图4-33 Web应用防护产品部署旁路监控模式图

在旁路监控模式下，通过 Switch/Router 对检测的 WEB 流量进行 Mirror（端口镜像），WAF 仅对 WEB 流量进行安全检测，发掘非法攻击并告警。WAF 也可以通过 Switch/Router 开放的接口，进行联动来实现对非法攻击 IP 地址的阻断。旁路监控的优点是不会因为策略规则的误判而导致对正常业务访问的阻断。

（2）实施

在完成数据备份、容灾后，梳理需要防护的网站（应用），构建四维度保障体系：客户视角、WEB 应用安全防护、WEB 应用安全运维、app 站点的防护。

以客户资产视角出发，结合清晰的导向系统进行防护与监控，确保业务满足合规性标准；利用多重机制对 WEB 应用进行安全防护，包括细致高效的规则体系、智能访问控制、多层次防护机制；运维简便灵活：灵活的部署模式、集中管理与配置、能与第三方集成、智能业务分析。

（3）客户视角

①客户资产视角

WAF 将站点看作客户资产，通过站点树展示资产列表，直观展示资产属性，如 IP 地址、端口、状态等。同时，可根据客户的实际业务情况制定安全策略，将其作为资产属性之一。客户资产与安全策略的灵活应用，更贴近客户的实际应用场景，满足客户多方位需求。

②清晰的导向系统

WAF 为客户提供了清晰的导向系统。在配置客户信息时，结合站点管理与防护策略，对客户资产进行保护；监控管理方面，展示完整的攻击与防护日志，攻击信息报表，以及 WAF 自身系统信息。清晰的导航简化了配置操作，为客户配置与监控提供友好的界面展示。

③满足安全合规标准

随着安全问题的不断浮现和社会影响的深化，WEB 应用安全性越来越受到国家的重视和关注，由此促进了部分行业的安全标准制定，如 PCI-DSS 标准。支付卡行业（PCI：Payment Card Industry）数据安全标准（DSS：Data Security Standard），作为衡量金融机构、消费者等涉及支付卡业务的商家和服务提供者的数据资料安全基准，已在全球范围获得广泛认可。

满足安全合规标准，是保证企业信息安全的一种手段。WAF 能结合安全配置对站点进行防护，按照 PCI-DSS 合规性要求，对客户资产环境是否合规作出判断，并给出满足合规的建议，确保业务安全合规地运作，帮助客户通过 PCI-DSS 合规检查。

（4）WEB 应用安全防护

WAF 针对用户面临的安全问题，对 HTTP/HTTPS 双向流量进行监控。通过防护引擎、防护策略、行为规则的多层次防护机制来识别攻击行为，提供有效的全方位防护功能，充分保障 WEB 业务的安全性、可用性、连续性。

①防护各种攻击

WAF 全面覆盖 OWASP TOP 10 和第三方插件（如 WEB 中间件）漏洞，如 SQL 注入攻击、XSS 跨站攻击、CSRF 跨站请求伪造攻击等。同时安全团队会实时跟进漏洞动态，不定期的攻防测试提高漏洞检查的全面性。WAF 检查所有经过网络的 HTTP/HTTPS 流量、回应请求，并建立安全规则，对内外双向流量进行多重检查，以阻止内嵌攻击、保证数据不被窃取。可指定各种策略对 URL、参数和格式等进行安全检查。具体防攻击能力如下：

- SQL 注入/SQL 盲注
- XSS 跨站脚本攻击
- 系统命令注入
- 代码注入攻击
- 支持 LDAP，xPath，SSI 等注入
- 目录遍历攻击
- 协议规范性检查
- 缓冲区溢出攻击
- Cookie 注入攻击
- 弱口令、暴力破解攻击
- 应用层 DDOS 攻击
- 敏感词过滤

- CSRF 攻击
- 网页防篡改
- 支持源代码、目录信息、服务器信息等信息泄露的防护
- Web 扫描器防护
- 木马病毒上传检测
- 支持 CVE、WebSell 等漏洞防护

攻击模型，保障 WEB 应用安全。引入众多机制保证规则的精准和有效。

- 灵活的检测位置

支持多种检测对象：包括 HTTP 头部、请求体关键字、响应头、响应体关键字、请求 COOKIE 值、上传文件大小、URL 等。

- 多种检测条件的逻辑组合

支持多个检测条件的逻辑组合（"与"，"或"），以支持复杂规则的定义。"与"：多个匹配链同时生效，规则才生效。"或"：多个匹配链其中一个生效，规则就生效。

- 自定义规则

支持复杂场景的自定义规则，如请求协议、匹配长度、URL 解码、HTML 解码、BASE64 解码、HEX 解码等，提高了规则的精准度和有效性。

- 独立的规则策略升级

WAF 将系统升级与策略升级分离，使规则策略库升级更灵活。

②智能访问控制

WAF 引入黑名单与白名单访问控制机制。黑名单机制是防护 WEB 安全的重要手段之一，当发现攻击行为时，能通过参数设定来禁止指定客户端对站点的访问，从而保障站点安全。白名单机制，通过分析用户行为和指定 URL 的 HTTP 请求参数，能展现站点业务完整逻辑，帮助管理员构成正常的业务流量模型。

支持多种自定义规则，可应对多种复杂环境和客户需求，可通过 IP 访问来源控制基于 URL 级别的请求阻断，不影响用户对业务的正常访问，阻断恶意攻击源。

③多层次防护机制

WAF 基于客户资产分层理念，将防护层级也进行了细分。默认防护层作用于站点对象；对客户详细资产自定义具体 URL。客户可根据具体业务情况，指定具体 URL，使得客户业务防护得到灵活部署。

（5）WEB 应用安全运维

运维人员需要监控保障 WEB 应用的健康稳定运行。WAF 不仅提供安全防

护功能，确保 WEB 应用业务不受入侵，还在此基础上实现了 WEB 应用防护的便捷管理、优化、合规运作。结合攻击日志、系统日志等为用户提供运维决策依据。

①灵活的部署模式

WAF 提供多种部署模式，供业务侧选择。

● 透明模式："即插即用"，不需要对当前网络环境作任何改变，部署方便快捷，设备能在短时间内上线。

● 反向代理：通过改动网络配置，隐藏真实服务器信息，同时具有增值功能，如路由、负载均衡等。

● 旁路监控：对 WEB 流量进行安全检测，发掘非法攻击并告警，不会因为策略规则的误判而导致对正常业务访问的阻断。

②集中管理和配置

WAF 提供统一的集中管理平台，实现对各子平台的分布式或跨地域集中管理和配置，从而简化了对每台设备的独立登录管理，使得对设备的监控和运维管理变得更简便，有效降低用户的管理和运维成本。

③兼容与集成特性

WAF 通过开放 API 接口，方便第三方平台集成，能够集成第三方的安全应用服务，包括安全扫描、安全监测、访问审计等特性。开放接口包括保护站点配置、攻击日志查询、访问审计日志查询、事件订阅等。

④业务智能分析

● 网站安全数据智能分析

WAF 对来自于互联网的攻击行为详细记录，通过攻击日志，将网站的安全现状直观展示给客户。统计类型包括：时间、攻击来源 IP、攻击类型、防护行为等。管理者可通过分析相关数据，对网站执行更有针对性的安全策略。

● 网站管理数据智能分析

系统日志对用户操作进行记录，便于安全审计，同时可导出日志，能对大量操作信息进行分析。WAF 还具有告警统计与监控统计报表功能。系统会自动记录所有的报警事件及监控状态，为管理者提供管理凭证。自定义报表，可将"站点""攻击源 IP""触发规则"等作为参数，以"柱状图""折线图"等作为输出形象展示。

（6）App 站点安全防护

WAF 可提供针对移动 app 后端网站的安全防护，兼容 android 和 ios 的证书认证机制，实现 app 后端服务的安全防护。

- 支持 Windows、Linux 证书格式
- 支持第三方机构颁发的证书链认证机制
- 具备传统 web 安全全部防护能力

二、身份认证

1. 建设行业信息化的发展对信息安全提出了更高的要求

随着我国建设行业的快速发展，建设行业信息化也呈现出新的发展特征。一是传统业务向互联网转变。诸如企业资质由传统纸质资质转向电子资质、线下招投标向电子招投标转化等，都是互联网化的典型表现；二是产业信息纵向一体化的进程也在加速发展，上下游企业的供应链信息融合、设计单位与审图公司之间的电子化审图、施工企业与监理企业之间的现场信息交互等都表现出现代信息化建设中企业间业务的融合的特征。这个大潮推动着建设行业各项业务的转变，也在融合中创造出很多新兴的理念。然而，在这样一个高度互联化的网络中，我们如何知道信息沟通的对方的真实身份？这样一个灵活的网络空间如何来保障它的可信互相连接、智能的网络在给我们带来极大便利的同时，也对信息的安全性和隐私性保障提出了极高的要求，带来了对网络信任体系和由此衍生的社会稳定的重大挑战。例如，在通过管廊进行远距离控制时，信号控制器可以通过物联网远程操作，信号系统面临着非法入侵传感器的威胁，如果发生传感器身份冒用和数据入侵的情况，造成的后果将不堪设想。同样，建设行业中的金融支付工具可能被随意篡改，网络审批可能被冒名操作。这一切，迫使我们在建设行业的信息化设计框架中必须植入高可靠的安全体系。

2. 电子认证技术的安全保障体系

电子认证服务为构建可信网络空间提供法律保障和技术支持。电子认证服务通过保障网络身份的真实性、网络行为的可溯性和数据电文的可靠性，为数字证书相关方维护权益、追究责任、履行义务提供了法律保障和技术支持。以 pki（public key infrastructure，公钥基础设施）为基础的数字证书认证技术已成为信息化安全保障的最佳技术选择，电子认证服务为构建可信网络空间奠定了基础，目前已成为构建建设行业信息化不可或缺的重要手段。

简单地说，电子认证是指为电子签名相关各方提供真实性、可靠性验证的活动。包括签名人身份的真实性认证，电子签名过程的可靠性认证和数据电文的完整性认证三个部分。电子签名过程涉及通讯报文的生成、传递、接收、保存、提取、鉴定等各个环节。就是通讯双方均需要从国家权威认证机构那里获得一个明确的数字化的身份证书，用以标识自己的身份。在通讯过程中，需要

用这个数字证书来签名自己的报文。接收的一方通过验证这个签名来识别对方的身份。必要时，可以通过权威认证中心来验证这个身份的有效性。目前，国家已经授权和批准了 37 个电子认证服务机构（CA 中心），其中包括为建设领域服务的 CSCA。CSCA 接入国家根密钥体系，承担起建设行业数字证书颁发和有效性验证的重要任务。

我们以城市建设工作中的市民一卡通的充值过程为例来说明电子认证的保护作用如图 4-34 所示。

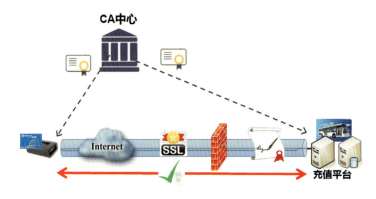

图 4-34　数字证书认证流程图

（1）首先 CA 公司对充值设备（读卡器、ATM 机等）和充值平台（网站、服务机构）发放数字证书。这两个证书在一个体系下发放，它们之间拥有共同的根体系，可以互相辨识身份。

（2）充值设备向充值平台发起充值请求，并同时发送自身的数字证书，以表明自身的合法身份。

（3）充值平台认证通过充值设备的身份后，用对方的公钥进行加密充值数据（这个过程用于数据加密，没有充值设备的私钥，是无法看懂的），并用自己的私钥进行签名，这个签名的动作有两层含义，其一表明了自己的身份，其二表明了对这次业务的负责，不会抵赖。这个不可抵赖性由《中华人民共和国电子签名法》来进行法律保障。

（4）充值终端先验证充值平台的身份，知道这笔钱来自合法的账户，再解密充值指令，将要充值的金额写入卡片中，返回结果指令。

综上可以看出，在一个典型的支付中，支付随时会发生。在面对数以万计的读卡器时，其身份将由充值平台验证。而充值平台自身，也将由读卡器识别，以防钓鱼网站的欺骗。那么有没有可能两边作案进行系统级伪造？这一点，将由 CA 公司去鉴别。那么虽然交易双方身份认可了，可是在网络中这笔交易是否有效，这将由电子签名法来保障。这一系列的手段构成了电子认证完整的保护链，正由于电子认证体系的发展，才使支付环境中互不相干的设备互连可信成为可能。

3. 建设行业电子认证建设

目前，各行业通行的做法，均是以 CA 为中心，在行业或地区构建中心认证节点，负责使用者的授权登录与签名验证。在中心节点，除完成全局性数字证书发放之外（如建设行业的住房公积金信息统计上报证书），还会开通证书有效性查询服务，响应各查询单位对证书有效性的最终响应。并逐步构建完整的时间戳管理、电子合同管理、电子签章管理、证据保全系统、以及面向第三方的跨领域网络数据交换服务。建设行业在中心节点之外，还会根据需要，帮助建立地区的分中心，地区分中心作为一个 RA 结构，将本地区的业务，如勘察、设计等，通过电子认证手段进行统一身份识别和授权，最大限度发挥集中管理优势。如图 4-35 所示。

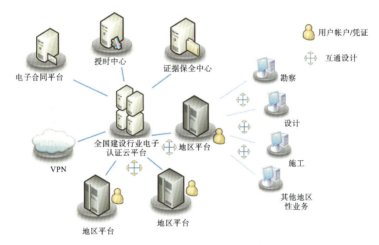

图 4-35　建设行业电子认证系统结构

四川省住建厅很早就关注到电子认证技术对信息化发展的重要性，并启动了数字证书发放工作。2015 年 9 月又开始了系统地改造换发工作，成为全国第一个采用建设行业 CA 认证体系部署电子认证的省份。设计采用自然替换的思路，对新用户颁发新体系证书，老证书自然过期后换发新体系证书，预计三年时间，全部换发完成，个人证书和企业证书总量将达到 3 万余张。

四川省住建厅在本地部署了签名验签服务器，内置了 CSCA 的证书链，保证证书验证工作无需依靠网络，在本地就可以完成。同时在系统内采用 API 进行嵌入式发证集成，使证书发放工作做到与内部系统无缝对接，大大提高工作效率并增强用户体验。目前，已接入建设行业电子认证体系 RAAPI（嵌入式发证）的业务系统包括"四川省住房城乡建设电子政务平台""四川省勘察设计科技信息平台""四川省建设工程合同备案管理信息系统"。这些系统在业务应用实践中，有效实现了身份认证和嵌入式发证管理等电子认证的基本功能。规划中，下一阶段将重点开启关键节点的电子签名并实现操作行为审核的追溯管理。与此同时，在省住建厅科技创新文化的推动下，提出了在线支付、电子签章签发、区域管理、发票管理等一大批业务功能的精细化改造设计思路，为电子认证与建设行业信息化的结合提出了新的建设方向。

自 2005 年电子签名法签署以来，电子认证技术作为信息化安全体系的重要保证措施，已在金融、电信等行业得到较为全面的推广。2015 年 3 月 CSCA获得工信部颁发的《电子认证服务许可证》，是国家给予建设行业加强电子认证工作的重要信号，四川省住建厅的率先试点和成功应用，无疑为各省电子认证建设起到了很好的标杆和示范作用。

第五章 基于物联网的施工现场在线监测系统设计

第一节 总体结构

利用信息技术、物联网技术实现对于重大危险点源自动进行全天候的监测，视频及数据远程查看与记录、预警和报警提醒现场操作人员，提前预防事故的发生，对操作人员的行为进行评估。

在核心综合监管平台的支撑下，根据不同的用户需求衍生出各种各样的应用系统，包括移动终端数据采集系统、混凝土检测系统、现场视频实时监控系统、建筑起重机械管理系统、施工电梯监控系统、工地扬尘与噪声检测系统等第三方应用系统的接口。

平台中各个系统之间相互关联、相互影响，形成一个完整的监管体系，覆盖了项目建设的全过程，如图5-1所示。

第二节 系统拓扑结构设计

系统拓扑结构设计展现了监管平台中各种设备的物理布局关系，中心机房和监控大厅通过光纤连接组合成为平台内部局域网，外网用户、工地实时监控设备、混凝土企业、检测机构等通过互联网、3G网络与中心机房进行连接，各市县住建局、厅办公大楼、监控大屏等通过内部局域网或则VPN通道与监控大厅进行连接，如图5-2所示。

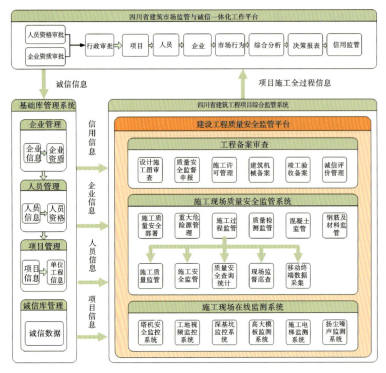

图 5-1　项目建设全过程监管体系

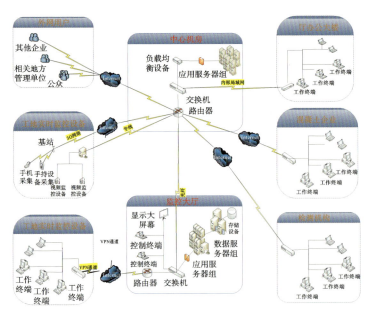

图 5-2　系统拓扑结构设计

中心机房负责外网应用服务器的部署以及架设外网访问的通道，外网用户、工地实时监控设备、混凝土企业、检测机构等在发出访问请求后，先是通过互联网、3G 网络与中心路由器进行连接，之后通过负载均衡设备与应用服务器进行连接。

监控大厅负责内网应用服务器、数据库服务器的部署以及架设局域网访问通道，各市县住建局、厅办公大楼、监控大屏等内网用户，通过 VPN 通道、内部局域网直接与应用服务器建立连接，进行数据访问。监控大厅中还部署了一个监控大屏和多个控制终端，用于控制显示动态的监控数据，包括项目实时情况、现场视频等。

第三节　塔机安全监控系统

一、塔机监控平台功能

- 平台分级管理功能

平台能够实现省、市、区、县级监管机构和项目部、施工单位、产权单位的分级管理，实现塔机的备案、安装、使用、拆卸业务流程的管理，根据用户的权限级别授予不同的管理权限。平台通过手机短信、手机 APP 实现远程通知和远程使用管理。

- 平台设备管理功能

平台集中显示和存储每台塔机的运行情况，并能通过平台对塔机远程进行实时监控、预报警、远程调试和系统标定工作。主要功能有实时监控、维护与保障、重点监控设备、信息统计、历史回放、工作循环、危险操作、电子地图。

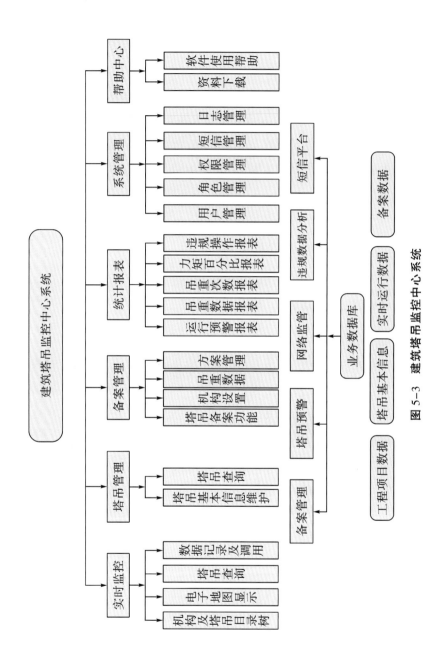

图 5-3　建筑塔吊监控中心系统

二、塔机安全监控设备

塔机安全监控设备综合利用微电子技术、信息传感技术和及时通讯技术，将塔吊的主要安全装置，包括力矩限制器、起重量限制器、幅度限位器、回转限位器及高度限位器的各项运行数据进行采集、记录和存储。包括塔吊载荷监控仪、塔吊防碰撞监控仪、塔吊防倾覆监控仪和塔吊区域保护监控仪，主要用于平臂和动臂两种塔吊，用户可根据工程实际需要进行选配。设备由高度传感器、回转角度检测器、液晶显示屏、控制主机、无线通讯模块、风速传感器、载荷传感器及变送器、倾角传感器、变幅传感器组成。如图5-4所示。

图5-4　塔机安全监控设备终端功能

系统具备以下功能：

- 数据采集功能

系统通过传感器实时采集、记录塔式起重机塔机的工作参数，包括起重量、起升高度（吊钩高度）、起重力矩、回转角度、变幅幅度、运行行程、吊绳倍率、风速等。

- 数据存储功能

系统自动存储运行信息、预报警信息、工作循环信息及对应时间点，并在出现停电或发生事故等情况时，能自动保存所有信息，通过接口读出历史数据。

- 实时显示功能

系统以图形、图表或文字方式通过显示屏向塔机司机及监控中心平台显示塔机当前主要工作状态和运行数据。

- 群塔防碰撞功能

当系统能建立工地塔机平面图模型，多台塔机作业区相干涉时，系统现场无线组网，根据回转角度、吊钩高度、塔臂高度、小车变幅数据实时计算塔机的空间位置状态，提示司机避免塔臂、钢丝绳与吊物之间相互碰撞。

- 区域保护功能

系统具有控制吊钩避让固定障碍物或禁行区的单机区域限制功能，可设定限制区域不少于 6 个，且满足现场实际需要。

- 预警、报警功能

在塔式起重机塔机达到额定起重力矩或额定起重量、左右远近高低限位位置、接近碰撞位置、危险区域、风速大于塔机使用允许风速时，系统能向司机发出声光和语音报警。

- 故障诊断与自检功能

当塔机自身限位器失效，系统自动检测故障并报警。系统能够对传感器精度进行自我校验，在设备自身发生故障时，系统能自检，显示记录故障信息并上报。

- 司机指纹身份识别功能

认证通过的司机预先采集指纹存储到服务器，系统自动通过网络分发到塔机设备中，提示司机每隔两小时录入指纹，校验身份并上传到平台。

- 远程传输功能

系统通过 3G 网络和 GPS 卫星信号与远程监控平台联网，塔机运行记录、历史数据和违规操作报警信息实时传输到远程监控平台。

第四节　深基坑检测系统

一、深基坑检测系统工作内容和要求

深基坑安全监测信息管理系统，实现机构管理、监测登记、实时监控、监督管理、系统管理功能。管理系统主要工作内容和要求如图 5-5 所示。

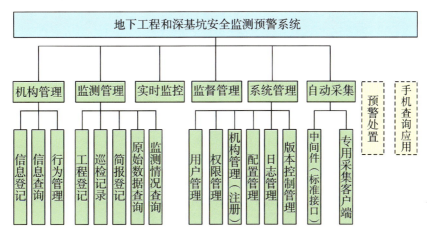

图 5-5　地下工程和深基坑安全监测预警系统功能

由图 5-5 可知深基坑安全监测管理系统主要工作内容的具体要求如下：

1. 机构管理：监测机构进行各自的机构信息、人员信息、设备信息登记；登记完成后，主管部门对各机构的机构信息、人员信息、设备信息进行查询及行为管理，行为管理包括在线查询、实时报警查询、采集异常查询、设备超期查询与设备超期预警功能。

2. 监测登记：监测机构对监测的工程信息进行工程项目登记，包括监测方案上传；监测进程中，每次巡检记录、简报登记；同时，可查询基坑地理分布及原始数据。报警工程，发送短信通知相关负责人。

3. 实时监控：主管部门监控整体的基坑现行情况，可按安监站、监测时间进行查询；主要内容有：安全状态（当前状态与历史状态）、工程名称、工程地点、地理分布、监测情况及处理情况。

4. 监督管理：实现报警未处理、报警处理中、报告已处理三个状态统计各工程数量，每个状态（红灯、黄灯、橙灯）进行分类统计，点击可查看相关工程信息内容及监测情况。

5. 系统管理：实现各用户体系的人员管理、权限管理等内容，包括留言信息、新闻公告、监测项目管理、常用下载。

二、深基坑检测系统业务功能

深基坑检测系统业务功能模块如图 5-6 所示，主要业务流程如图 5-7 所示。

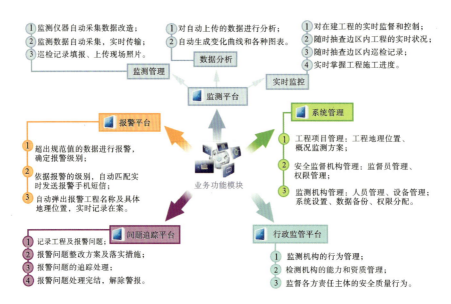

图 5-6　业务功能模块

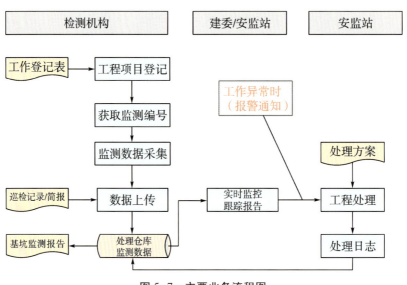

图 5-7　主要业务流程图

三、报警短信发送规则

对于监测项目的监测结果达到预警值，或报警值，或控制值，管理系统通过短信接口平台自动以短信形式进行预警（报警）通知给责任主体单位。报警短信发送规则与短信发送层级如表 5-1 和表 5-2 所示。

表 5-1 报警短信发送规则

信息项	备注
短信发送条件	1. 工程监测项目数据无效时，发送短信。 2. 工程监测情况报警时，发送短信。 3. 工程监测情况报警后，3 小时未解除报警，发送短信。
短信接收方	1. 监测机构人员（监测员、项目负责人与技术负责人）。 2. 五方责任主体相关人员；五方：建设单位、设计单位、承建单位、支护结构施工单位、监理单位（工程概况中记录人员）。 3. 监督机构人员（市安监站人员）。 4. 建设行政主管部门管理部门人员。 5. 城乡建设委员会或建设局领导。
短信发送批次	1. 工程监测项目数据无效时，发送第一批短信。 2. 工程监测情况报警时，发送第二批短信。 3. 工程监测情况报警后，3 小时未解除报警，发送第三批短信。
短信发送批次所对应人员	1. 第一批短信对应人员：监测机构人员中的监测员与项目负责人。 2. 第二批短信对应人员：监测机构技术负责人与五方责任主体人员，市安监站监督员。 3. 第三批短信对应人员：市安监站监督科科长、区安监站监督组组长、市安监站领导、市建设局领导与科长、质量安全处处长。
短信发送批次与报警状态对应关系	1. 数据无效，仅发送第一批短信。 2. 预警，发送第一批、第二批短信。 3. 报警，发送第一批、第二批、第三批短信。 4. 超控制，发送第一批、第二批、第三批短信。 5. 具体短信发送对象，结合短信发送层级表。

表 5-2 报警短信发送层级

序号	机构	通知人员	报警状态 数据无效	报警状态 预警	报警状态 报警	报警状态 超控制
1	监测机构	监测员	√	√	√	√
		项目负责人	√	√	√	√
		技术负责人	×	×	√	√

表5-2(续)

序号	机构	通知人员	报警状态			
			数据无效	预警	报警	超控制
2	五方责任主体	工程概况中记录的相关人员	×	√	√	√
3	监督机构	市监督员	×	√	√	√
		市安监站监督部部长 市安监站监督组组长	×	√	√	√
		领导（市安监站站长、分管副站长）	×	√	√	√
4	建设行政主管部门管理部门	市建设局建管处处长	×	×	√	√
		市建设局局长、分管副局长	×	×	√	√
5	市建设委员会	领导：主任	×	×	×	√

说明：数据无效，指水平位移与竖向位移监测项目中的中误差超出。

第五节　高大模板监测系统

建筑工地高支模监测利用压力、位移和倾斜角三类传感器。将各监测参数分别传入对应的传感器采集数据，通过采集器进行数据处理并按一定格式输出给高支模监测系统，由监测系统提供各监测量的监测曲线展示，监测点状态展示及数据超限报警。系统架构如图5-8所示。

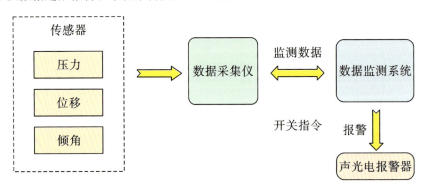

图5-8　系统架构

一、传感器

需要压力、位移、倾角三个监测量，分别使用相应的传感器测量。各传感器要求能满足建筑工地环境要求，具有防尘、防雷、防震等功能。各传感器通过线缆接入多通道数据采集仪，由后者进行数据分析处理。

二、数据采集仪

数据采集仪负责接收各监测传感器的模拟量，通过信号放大、滤波等处理后进行模数转换，并将各监测传感器的实测物理量通过约定格式输出给数据监测系统。数据采集仪应能接收数据监测系统发出的开始采集和停止采集的指令，并能接收一些基本的参数设置指令。数据采集仪还应具有数据校准标定功能，确保各监测量的数据准确性，同时应能满足建筑工地环境要求，具有防尘、防雷、防震等功能。

三、数据监测系统

数据监测系统负责接收数据采集仪传输过来的监测数据，能支持同时接收多个采集仪发送的数据，并将各监测量在系统主界面以曲线或数据列表形式进行展示。监测系统为每台数据采集仪的每个监测量设置阀值，每台采集仪中任意一个监测量实时监测数据超限时，自动触发报警，并向声光电报警器发送报警指令。监测系统同时提供手工触发报警的功能。

数据监测系统安装在建筑工地办公室 PC 机中，通过 RS485 或无线模式与各采集仪连接。

四、声光电报警器

声光报警器通过声音和各种光来向人们发出示警信号的一种不会引燃易燃易爆性气体的报警信号装置，能同时发出声、光二种警报信号。当接收到监测系统发出的报警指令后触发报警，同时提供手动触发报警功能。报警器应能满足建筑工地环境要求，具有防尘、防雷、防震等功能。

业务流程图如图 5-9、图 5-10、图 5-11 所示。

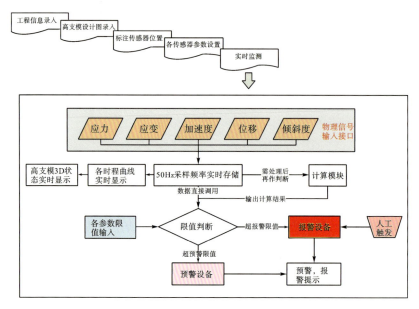

图 5-9　业务流程图

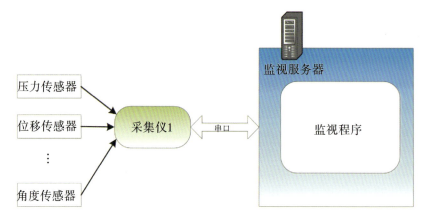

图 5-10　单机模式工作原理

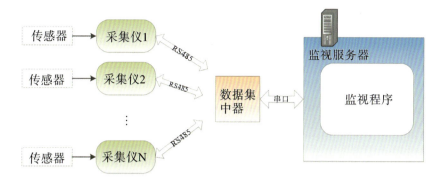

图 5-11 多机模式工作原理

第六节 施工电梯监测系统

施工升降机安全监控终端机平台能够实时监测施工电梯的载重、人数、速度（防坠）、高度限位、门锁状态、导轨架倾斜、轨道障碍物、笼内视频监控、操作人员身份管理等安全信息，能对升降机的各种危险进行有效防护，并传输到远程的管理平台，实现对建筑机械的远程管理和控制。

● 吊笼人数统计功能

基于视频人数识别技术，智能识别升降机中乘坐人数。当超过规定乘坐人数时，系统进行声光报警，根据需求可实现升降机截断，司机将无法操作升降机起升。

● 冲顶报警功能

实时监测升降机吊厢与顶部的位置关系，接近安全值时控制升降机减速运行与电源截断，达到防冲顶事故发生的效果。

● 超载报警功能

系统通过重量传感器进行吊厢载重数据的监测，当载重超过安全数值范围后进行声音提示和警报灯警报，并可进行截断控制。

● 驾驶员身份识别功能

操作升降机司机必须进行身份识别（人脸识别）后方可启动升降机运行，达到记录操作人员和班次，保障升降机操作专业性之目的。

- 实时数据远程监控功能

对包括载重数据、运行状态（上升、下降、悬停、最低部、最顶部）、运行速度、当前操作司机等关键信息进行实时监控。

- 黑匣子数据记录功能

提供多种黑匣子记录功能，便于故障追溯。系统间隔某个时间段进行升降机运行数据的记录，其中违规数据进行特殊标记，只能增加不能修改、删除，只保存某一时间段内的数据，超出后删除过期的数据增加新产生数据。此功能如图 5-12 所示。

图 5-12　施工电梯监测显示终端

第七节　扬尘噪声监测系统

建筑工地噪声扬尘监测系统监控点主要锁定扬尘工地为远程监控重点对象。

- 有线视频及扬尘数据监控

适用于已铺设电话线，可开通 ADSL 有线网络的施工现场。可传送高清晰连贯的视频图像和扬尘监控数据。

- 无线视频及扬尘数据监控

适用于无法进行有线联网，但有 GPRS、CDMA 网络信号，需要同时传送现场图像和扬尘监控数据的施工现场。

- 无线扬尘数据监控

适用于无法进行有线联网，但有 GPRS、CDMA 网络信号，只进行扬尘监控数据传送的施工现场。占用带宽低，成本较无线视频传输低。

系统在城市工程施工现场如工地项目部大门、钢筋加工房、办公楼顶安装电子探头，对工地情况远程实时监控。办公楼顶上的探头可监控整个项目施工全景，其余两个探头主要监控钢筋加工工艺、进出施工工程车辆扬尘等情况。哪个工地扬尘超标，哪个工程施工工艺有问题，将实时被远程监控发现。实现对扬尘污染的严密监控，对造成渣土污染的违法违规行为一律实行严格处罚，将扬尘污染降到最低水平，确保城市空气质量达到优良。

系统可监测因子包括颗粒物、噪声、气象参数及视频等。广泛应用于数字城管、智慧城市、环保物联网等无人值守的远程监测和评估系统。

系统由在线监测系统、视频监控取证系统、数据采集和传输系统、后台数据处理系统及信息监控管理平台共四部分组成。

在线监测系统分为扬尘监测子系统（结合光散射技术）、噪声监测子系统、气象参数采集子系统（采集温度、湿度、风向、风速、大气压等多项气象信息）三部分。

视频监控取证系统包括云台远程控制及远程传输子系统、视频追踪子系统。

数据采集处理系统等部分：由采样模块、分析模块、数据采集模块、无线传输模块、系统控制平台等组成。

信息监控管理平台主要通过对施工现场的数据进行采集、统计、分析等并处理后传输到云存储平台，满足了环境监管部门实时性与精细化监管的长效管理需求。

系统集成了物联网、大数据和云计算技术，通过光散射在线监测仪、360球形摄像头、气象五参数采集设备和采集传输等设备，实现了实时、远程、自动监控颗粒物浓度；数据通过采用 3G 网络传输，可以在智能移动平台、桌面PC机等多终端访问；监控平台还具有多种统计和高浓度报警功能，可广泛应用于散货堆场和码头、混凝土搅拌站以及工厂企业无组织排放的实时监控。

图 5-13　扬尘监测系统设备

第六章 基于视联网的远程可视化监管平台设计

第一节 概述

结合监管工地多、分布较为分散、特别是"城乡结合部"的工地监管难度大的实际情况，在各市州参照《建筑工程施工现场视频监控技术规范》（JGJ/T 292-2012）建设"工程质量安全数字化管理平台"，建成后可实现对建筑施工现场实时监管，从而规范建筑市场秩序、改善施工现场面貌和企业管理状况，有效提高建筑施工现场综合管理水平。在各市州平台的基础上，遵循《安全防范视频监控联网系统信息传输、交换、控制技术要求》（GB/T28181-2011）进行联网，汇聚到省厅平台。

第二节 设计思想

一、业务子系统有效整合

安防业务的整合应体现应急指挥、系统联动、数据共享与综合管理。工地各种业务系统整合的目的是能够将各种涉及内部管理、安全管理的业务系统进行有效融合，充分体现多业务系统间的有机联动、数据共享与综合管理的优势。

二、政务系统接口预留

系统须符合电子政务系统的体系结构，实现或预留相关的应用接口。平台可规范地与电子政务平台进行对接，实现统一身份认证平台、统一通信平台与企业服务总线的接入与整合。

三、岗位权限统一分配

系统可以满足管理人员、应急指挥人员、系统维护人员等不同人群的使用要求。在系统结构设计上要与整体通讯网络平台、数据中心存储以及各种应用系统接入进行整体性考虑。

四、多层次业务有机融合

系统应实现对目前工地规划建设中的各种应用系统的接入，并满足它们的使用与应用需求。根据接入的形式，将整体接入过程分为应用层、中间件层、服务层和人机交互层，可以通过这四个层次实现多种安防应用系统、各种信息系统的接口及应用整合。系统的整合主要从数据、联动、接口三个方面进行整体性的设计，以确保各个业务系统间的融合，以发挥更大的管理效力。

五、系统应用灵活扩展

将系统建设成为针对工地出入管理、治安管理、交通管理、消防监控指挥管理、违法违规查处、应急指挥调度等应用的综合性集成管理平台。针对工地要结合进来的多种业务系统，工地实战系统应进行充分的架构考虑，不仅要满足对这些业务系统的接口、服务以及管理等多方面的要求，还要针对工地的建设，满足对传统混合结构网络或全 IP 结构的架构要求，使架构整体具有良好的可伸缩性。一般来说，大型项目都会分期分阶段地建设，因此本系统还要考虑今后系统的扩展应用需求，在数据结构、业务流模式、接口及硬件要求上均具有扩展性。

六、系统前瞻性统筹考虑

工地实战平台是用户对监控系统操作的平台，在管理平台配置以及人机交互上应能满足用户对性能、易操作性的要求。对于已规划的项目还需要考虑其他系统、管理中心升级或扩展要求。在管理平台的业务管理内容上要充分考虑多业务整合管理、运维管理与应急指挥管理多方面的需求。

七、电子地图实时展现

结合工地业务内容所形成的具有工地行业特色的电子地图应用，可以将二维矢量图片、二维矢量地图数据与三维电子地图进行整合，从而可以以不同表现形式、不同维度反映不同业务的具体情况。例如采用二维矢量地图数据表现大范围的工地地理状况、以三维电子地图表现立体化建筑结构以及实现空间资产联动、以二维矢量图片反应建筑平面图等形式，系统应针对不同的建筑结构、地理形式选择相应的表达方式。

八、重点数据集中存储备份

数据存储与容灾备份针对整体系统所产生的安防多媒体数据（视频、音频等）以及 IT 数据（数据库、文本等）进行存储备份，存储备份的方式根据工地现状及未来规划采用集中存储和分布式存储相结合的方式进行。多媒体数据采取 NAS 存储，IT 数据既实现集中存储也实现异地灾备。

第三节　设计原则

设计依据的总原则是"实用、可靠、先进、经济、开放、安全、整体"。

实用：监控及图像质量须满足实战需求；系统界面友好，操作必须简单、合理；系统安装、使用、维护简便；各个功能模块的开发设计需要能够符合不同类型、工地的应用需求，能够通过简单的后台配置实现通用，而无需进行大的设计调整和二次开发。

可靠：系统采用的接入设备须经过具有相应资格产品检测中心的测试，质量达标，性能稳定，能持续有效运行。

先进：采用成熟、主流的技术构建系统平台，充分兼顾需求和技术的发展，充分考虑与其他系统的连接，建设可扩展的、开放的平台。

经济：在确保实用性、可靠性、先进性的前提下，注重系统建设成本和投入的阶段性，促进技术建设与应用机制的协调发展，确保系统效益。

开放：系统应遵循开放性原则。系统应符合行业标准，能提供软件、硬件、通信、网络、操作系统和数据库管理系统等诸方面的接口和工具，使系统具备良好的灵活性、兼容性、扩展性和可移植性。

安全：在考虑系统安全性和保密性时，除应考虑各种外界干扰外，还需在各个环节提供安全、保密措施。

整体：系统整体设计应当统一规范，各功能模块的设计必须清晰合理，相互之间的业务（数据）交叉和互通应当一体化、合理化，避免数据和业务的冗余。

第四节　系统结构

远程可视化监管平台系统结构如图 6-1 所示。

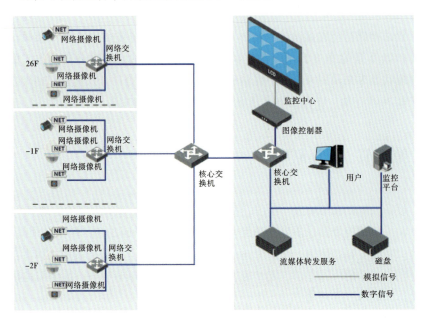

图 6-1　远程可视化监管平台系统结构

一、系统原理和拓扑结构

系统安装若干个监控点，采用网络方式组建，在监控点前端采用高清 130 万/200 万像素摄像机进行图像的高清数字编码，通过租用运营商的光缆，将所有图像和信息直接汇总到监控中心。实现对工地工区、出入口、库房以及相关周界等场所实时监控和记录。图像监控的范围涵盖了工地的主要出入口和重要的公共场所。

系统通过传输网络实现系统中所有图像信息（实时视频信息、录像视频信息）和反向控制信号的传输。所有前端视频信号汇入工地监控中心，由综合监控管理平台实现对所有视频信息的管理，实现视频直播、存储及转发。

监管平台系统原理如图 6-2 所示。

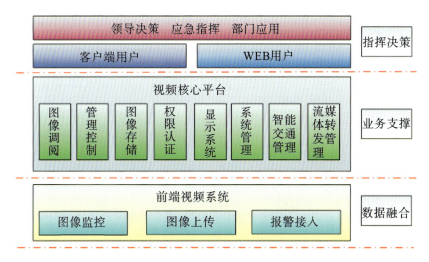

图 6-2　监管平台系统原理

本方案设计的监控系统，监控中心是高清动态视频监控系统的核心，通过搭建管理平台，实现对设备和用户的统一管理，实现对图像的实时监视、切换控制、集中录像，达到其实战应用的目的。

在监控中心配置高清视频综合管理服务器，对前端视频进行解码上墙高清显示。分控中心也可以通过专用网络调阅监控图像，并可以通过数字矩阵方式，解码到电视墙上，实现切换、监视和控制。

系统拓扑结构图如图 6-3 所示。

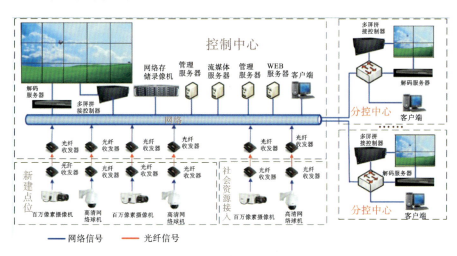

图 6-3　系统拓扑结构图

第五节　点位选择

点位选择如图 6-4 所示。

图 6-4　点位选择示意

第六节　监控中心功能

监控中心利用视频监控专用网络，汇接下属各部门监控系统，将所需的视频、音频、数据、报警信息进行传输、共享、切换；利用工作站根据授权进行远程调阅、查询、控制；实现互联、互通、互控，为领导决策、指挥调度、取证和处置公共突发事件提供及时、可靠的监控图像信息。

监控中心拓扑图如图 6-5 所示。

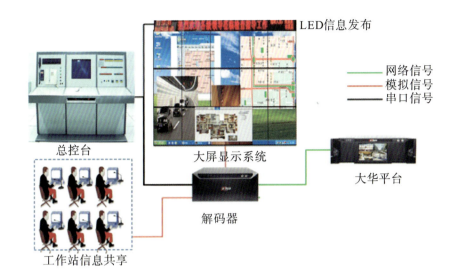

图 6-5　监控中心拓扑图

指挥中心系统由综合管理平台、语音对讲调度机、解码器和高清显示单元组成，采用 PC 单点客户端和中心电视墙显示等多种方式实现各项业务功能。通过交换机等网络交换设备，实现解码器与硬盘录像机的连接，对前端设备传输的视频编码信息进行解码输出，输出到 LED 液晶拼接显示系统中。同时由智能楼宇平台和人工控制实现对解码输出信息的管理和调度。

一、实时视频监控

可通过值班座席 PC 端登录客户端，进行实时视频监视、本地抓图、手动录像等操作。同时通过控制解码器进行视频拼接、融合功能，将实时视频流进行解码上墙。如图 6-6 所示。

为了满足多种监控需求，用户在 PC 客户端和视频上墙上都可以灵活配置监看视频分割。通过设定轮巡任务和间隔时间，实现实时视频的轮巡显示，全面解决多路数显示的问题。

图 6-6　实时视频监控

二、录像回放上墙

如图 6-7 所示，用户可登陆客户端进行设备录像、平台录像查询，完成以下多种功能：

- 多路录像、报警录像查询/回放

- 录像打标/查询/播放/下载

- 播放控制

- 下载列表与回放窗口之间切换

- 打开录像下载路径

- 录像类型选择显示，全部＼普通录像＼外部报警＼移动侦测＼视频丢失＼视频遮挡＼智能报警＼定时录像＼手动录像＼报警录像

- 本地录像，按照组织结构、设备进行检索

- 设备树的模糊搜索

在完成录像本地查看的同时，用户可通过一键发送，将即时查看的录像投放至电视墙，实现录像共享，为突发事件分析等提供便捷化操作，提高整体事件处理效率。

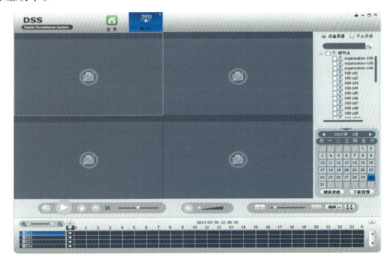

图 6-7 历史视频回放

三、综合地图展示

如图 6-8 所示，提供综合地图展示功能，用户可根据实际业务区域添加辖区地图，并对应设置各点位门禁、视频、报警防区等信息。

通过 PC 客户端即可对区域内门禁、报警状态，进行图形化展示、查看。通过选取对应点位，完成该点位的监控视频预览、远程开关门操作、报警主机撤布防操作。

通过视频综合管理平台将整个地图投放至电视墙，可辅助紧急指挥调度。

图 6-8　综合地图展示

四、LED 信息发布

用户可通过客户端，实现对监控中心 LED 显示单元的控制。可设置实时动态信息发布，实现日期时间、天气状况等信息的实时共享；也可根据实际使用情况，设置欢迎字条幅。如图 6-9 所示。

图 6-9　LED 信息实时发布

五、实战业务调度

通过综合管理平台对视频监控系统、报警系统、车辆管理系统和语音对讲系统的信息汇聚、综合控制。实现报警联动视频、门禁，视频辅助车辆管理等联动业务。

综合电子地图、视频上墙、多点语音对讲等功能优势，实现紧急突发事件的中心指挥调度。如图 6-10 所示。

图 6-10　实战业务调度示意

六、智能分析功能

1. 周界防范功能

智能周界防范模块用于外围防范，要求支持跨线检测、区域入侵检测和离开区域检测等三项智能检测功能。

- 跨线检测
- 目标离开区域检测

● 区域入侵检测

图 6-11　跨线检测示意

图 6-12　目标离开区域检测示意

图 6-13　区域入侵检测示意

2. 异常事件检测功能

智能异常事件检测模块用于内部防范，要求支持跨线检测、区域入侵检测、离开区域检测、人员密度分析、物品拿取检测、物品放置检测、人员徘徊检测和车辆停靠检测等八项智能检测功能。

- 人员密度分析
- 物品拿取检测
- 遗弃物检测
- 车辆停靠检测

第七节　设备要求

一、系统前端设计

伴随全球数字化、网络化时代趋势的逐步推进，网络摄像机在中国取得了长足发展。伴随着高清监控时代的到来，百万像素网络摄像机的应用也将大大普及，因此系统设计采用先进的全网络数字化监控的产品——网络摄像机。

网络摄像机是传统摄像机与网络视频技术相结合的新一代产品，除了具备一般传统摄像机所有的图像捕捉功能外，机内还内置了数字化压缩控制器和基于 WEB 的操作系统，使得视频数据经压缩加密后，通过局域网、Internet 或无线网络送至终端用户。远端用户可在自己的 PC 上使用标准的网络浏览器，根据网络摄像机自带的独立 IP 地址，对网络摄像机进行访问，实时监控目标现场的情况，并可对图像资料实时编辑和存储，另外还可以通过网络来控制摄像机的云台和镜头，进行全方位地监控。

网络摄像机的应用，使得图像监控技术有了一个质的飞跃。第一，网络的综合布线代替了传统的视频模拟布线，实现了真正的三网（音频、视频、数据）合一，网络摄像机即插即用，工程实施简便，系统扩充方便；第二，跨区域远程监控成为可能，特别是利用互联网，图像监控已经没有距离限制，而且图像清晰，稳定可靠；第三，图像的存储、检索十分安全、方便、可异地存储，多机备份存储以及快速非线性查找等。

1. 球机

（1）功能需求

- 支持 30 倍光学变倍
- MAC 白名单、多级用户管理，人性化的监控保密和权限管理功能
- 低码流传输，资源更节省（25 帧 1 080P 码流 4M）
- 支持 GB28181、ONVIF 等各种网络协议，组网更方便
- 采用 SONY 高性能图像传感器，低照度环境的完美展现。超级宽动态效果，加上图像降噪功能，完美的白天/夜晚图像展现
- 快装结构，防掉落设计，安装更方便
- 独特的 FD 三维定位功能，捕捉目标更方便、精准、快捷。多种网络监控方式相结合（手机、WEB、客户端），使用更方便
- 灵活的网络扩展能力，适应各种网络平台监控系统
- SD 卡本地存储，解决网络异常状态的监控存储问题
- 内置红外灯补光，补光距离大于 180 米
- 红外灯补光，采用倍率与红外灯功率匹配算法，补光效果更均匀

（2）参数指标

表 6-1 球机参数指标

摄像机	
图像传感器	1/2.8" CMOS
总像素	1 920（H）×1 080（V）
水平解析度	≥1 000TVL

表6-1(续)

视频制式	1 920×1 080(25fps), 1 920×1 080(30fps), 1 280×960(25fps), 1 280×960(30fps), 1 280×720(50fps), 1 280×720(60fps),
最低照度	彩色:0.05Lux@ F1.4
	黑白:0.005Lux@ F1.4
	0Lux(红外灯开启)
增益控制	自动/手动
信噪比	大于55dB
白平衡	自动/手动/跟踪/室外/室内/室外自动/钠灯自动/钠灯
降噪	2D 降噪/3D 降噪
宽动态	支持
强光抑制	支持
超低码流	支持
电子快门	支持自动电子快门(1/3~1/30 000 秒),手动电子快门(1/3~1/30 000 秒)
数字变倍	16 倍
日夜模式	自动 ICR 滤光片彩转黑
镜头	
焦距	4.3–129mm
聚焦模式	自动 / 半自动 / 手动
光学变倍	30 倍
近摄距	100mm~1 000mm
光圈值	F1.6–5.0
变倍速度	大约4 秒
视场角	水平:65.1°(近焦)到 2.34°(远焦)
功能	
红外灯控制	自动/近灯/远灯/关闭
红外灯距离	≥180 米
旋转范围	水平:0°~360°连续旋转 垂直:-10°~90° 自动翻转 180°后连续监视
旋转速度	键控:水平 0.1°~200°/秒;垂直 0.1°~120°/秒 预置点:水平 240°/秒;垂直 200°/秒
预置点	300 个

表6-1(续)

自动巡航	8 条, 每条可添加 32 个预置点
自动巡迹	5 条
自动线扫	支持 5 条自动线扫
断电记忆	支持
空闲动作	预置点 / 自动巡迹 / 自动巡航 / 水平线扫
定时任务	预置点 / 自动巡迹 / 自动巡航 / 水平线扫
云台功能	支持空闲动作, 支持三维定位, 支持人性化的焦距/速度自动匹配功能
视频压缩	H. 264HighProfile3. 0/H. 264MainProfile3. 0/M-JPEG
图像分辨率	主码流(1 280×960、1 280×720、D1、VGA) 辅码流(D1、CIF)
音频压缩	G. 711a/G. 711mu/PCM
语音对讲	支持
网络协议	IPv4/IPv6, HTTP, HTTPS, 802. 1x, Qos, FTP, SMTP, UPnP, SNMP, DNS, DDNS, NTP, RTSP, RTP, TCP, UDP, IGMP, ICMP, DHCP, PP-PoE, onvif, GB28281, CGI
三码流	支持
ROI	支持
SD 卡	手动录像 / 报警录像;支持 SD/ SDHC 卡(最大支持 64G)
OSD	支持
时间显示	支持, 如:星期, 日期
应用编程接口	支持软件集成的开放式 API, 支持标准协议(Onvif、PSIA、CGI)、支持大华 SDK 和第三方管理平台接入
浏览器	支持 IE7、IE8、IE9、Chrome8+、Firefox3. 5+、Safari5+浏览器
同时预览用户数	最多 20 路(最大带宽 48M)
安全模式	授权的用户名和密码, 以及 MAC 地址绑定, HTTPS 加密, IEEE 802. 1x 网络访问控制
MAC 白名单	支持
用户管理	最多 32 个用户, 多级用户权限管理, 分 3 级:管理员、操作员和只能浏览
故障检测	网络断开检测, IP 冲突检测, 编码器状态检测, 存储卡状态检测, 存储空间检测
输入/输出	
模拟接口	1. 0V[p-p] / 75Ω, PAL 或 NTSC, BNC 头

表6-1(续)

网络接口	1路10/100BaseT以太网,RJ45接口,支持10M/100M网络数据
报警输入	7路开关量输入(0-5vDC)
报警输出	2路,支持报警联动
音频输入	音频输入(LINE输入),音频峰值:2-2.4V[p-p],输出阻抗:1KΩ ±10%
音频输出	线性电平,阻抗:600Ω
SD卡接口	内置SD卡插槽,支持TF卡(最大支持64G),可支持手动录像/报警录像
RS485控制接口	采用半双工模式,支持自适应DH-SD,PELCO-P和PELCO-D(可添加)协议
一般规范	
电源	AC24V/3A ±15%
功耗	20W/43W(红外灯、加热器开启)
工作环境	温度-40~+60℃;湿度<95%
防护等级	IP66,4000V防雷、防浪涌和防突波保护,符合GB/T17626.5 4级标准
产品尺寸	385×252×335mm
重量	6.75Kg
可选支架	PFB301W(壁装,臂长285mm);PFB301C(吊装,无延长杆)

2. 枪机和半球

(1) 功能需求

● 采用高性能DSP

● 支持双备份,升级发生断电等异常可自动恢复

● 采用标准H.264 High profile视频压缩技术,压缩比高,支持低码流监控

● 采用超低照度130万(1 280×960)CMOS图像传感器,低照度效果好,图像清晰度高

● 支持3D降噪

● 支持1路复合视频输出

● 支持双码流,ACF(活动帧率控制),支持手机监控

● 支持数字水印加密,防止数据被篡改

● 支持丰富的网络协议

- 支持 micro SD 卡存储
- 支持 ICR 滤光片切换功能，实现昼夜监控
- 红外照射距离 25-50 米
- 支持 AC24V/PoE 或者 DC12V/PoE 供电
- IP66 防护等级
- 支持无 SD 卡、SD 卡空间不足、SD 卡出错、网络断开、IP 冲突、移动检测、视频遮挡智能报警

（2）参数指标

表 6-2   枪机和半球参数指标

主处理器	高性能 DSP
图像传感器	1/3 英寸 CMOS
像素数	1 280（H）×960（V）
日夜功能	支持 IR-CUT 电磁切换
镜头参数	M12 接口，3.6mm、6mm、8mm、12mm、16mm 镜头可选
标配镜头视场角	水平：70°、46°、35°、23°、16°
照度	0.01Lux/F1.2（彩色模式），0Lux（红外灯开启）
信噪比	50dB 以上
增益控制	手动/自动
白平衡	手动/自动
电子快门	手动/自动（区间可调，1/3～1/100 000）
视频压缩标准	H264/H264H/MJPEG
最大视频分辨率	主码流 1 280×960，辅码流 704×576
视频帧率	主码流（1 280×960@ 25fps）、辅码流（704×576@ 25fps） 主码流（1 280×720@ 25fps）、辅码流（704×576@ 25fps）
视频码率	14k～8Mbps 码率可调，也可自定义
视频接口	1 路复合模拟视频输出，BNC（1.0Vp-p，75Ω）
音频压缩标准	G.711a/G.711u/PCM
音频码率	64kbps/128kbps
音频输入	1 路，RCA LINE IN
音频输出	1 路，RCA LINE OUT

表6-2(续)

报警接口	1 路输入，1 路输出（开关量）
有线网络	1 路 10/100M 以太网，RJ45 接口
网络协议	HTTP、TCP/IP、ARP、IGMP 、ICMP、RTSP、RTP、UDP、RTCP、SMTP、FTP、DHCP、DNS、DDNS、PPPOE、UPNP、NTP、Bonjour、SNMP
接入协议	标配 ONVIF，GB28181
本地存储	支持 micro SD 卡存储
供电	支持 AC24V/PoE 或者 DC12V/PoE 供电
功耗	<7.6W
工作环境	工作温度-10℃~+60℃，工作湿度 10%~90%
外形尺寸	88x76x200.2mm
整机重量	920g
安装方式	支持多种安装方式

二、转发流媒体服务器

1. 功能需求

- 嵌入式 Linux 一体机，30×24 小时稳定运行
- 支持本地硬盘 RAID 0、1、5
- 支持实时传输，无时延
- 支持 700M IP-SAN 扩展存储
- 支持 1 000M 流媒体转发和 384M 本地存储
- 支持双机热备和负载均衡
- 支持本级 20 个堆叠和上下 5 级级联部署
- 支持 GIS 地图（Baidu、SuperMap）
- 支持 ONVIF、GB/T28181 标准协议的设备接入
- 支持 IVS-B/PC 等智能设备接入
- 支持平台 SDK 开发包支持隐私遮挡及图像数字放大
- 支持 iphone、ipad、android 手机端应用
- 支持前液晶板系统服务状态显示和系统基本参数设置

2. 参数指标

表 6-3   参数指标

系统	主处理器	64 位 4 核 CPU
	操作系统	嵌入式 LINUX 系统
	电源	支持热插拔
	风扇	冗余双滚珠轴承风扇，MTBF > 10 万小时，支持在线更换
	内存	8GB（可扩展）服务器级（带 ECC 校验）
	机箱	1.2mm 加厚热镀锌钢板；高精度铝合金滑道；自主专利的抽拉式硬盘架
	本地系统配置	系统配置，包括系统时间设置，平台服务运行参数配置
显示接口	液晶屏	显示系统信息，状态包括：系统时间，系统硬件信息，平台服务运行状态等
	VGA	VGA 接口一个
网络接口	网口个数	4 个 100/1 000Mbps 以太网口
	网口特性	支持负载均衡绑定，以及独立千兆网口
其他	电源	100V～240V，47～63Hz
	整机功耗	10W～200W（含硬盘）
	工作环境温度	0℃～50℃
	工作环境湿度	5%～90%（非凝露）
	储存环境温度	-20℃～+ 70℃
	储存环境湿度	5%～90%（非凝露）
	工作海拔	-60m～3 000m
	整机尺寸	516.5mm（不带液晶屏长）× 485mm（带挂耳宽）× 133.2mm（高）
	净重量	20Kg（前面罩为 0.4Kg）
	安装方式	标准 19 英尺机架式安装
	二次开发	提供平台 SDK

三、磁盘阵列

1. 功能需求

● 专业 IPSAN/NAS 一体化产品

● SBB 规范控制器架构

- 高性能，可扩展性，轻松实现数据存储

- 支持 256 路 2M、128 路 4M、64 路 8M 网络视频接入

- 为视频监控数据提供容错保护机制，切实保护客户的数据安全，支持 RAID 0、1、5、6 等磁盘数据冗余技术

- 支持硬盘热插拔功能，更换硬盘时业务不间断

- 高品质冗余风扇，高稳定电源，加上大华专利的机箱设计，确保满足各种环境下 7×24 小时不间断存储需求

- 支持 Windows、Linux、Unix 等操作系统

- 支持 SAS \ SATA 硬盘

- 提供基于 WEB 的配置管理功能，简单易用

- 针对监控领域进行软硬件优化，配套其他监控产品形成完整解决方案

- 完全标准化设备，兼容各类软件平台。

2. 参数指标

表 6-4 参数指标

系统	主处理器	嵌入式 SAS 主控/X86 双核 64 位处理器
	操作系统	嵌入式 LINUX 操作系统
	电源	-R 支持热插拔冗余电源
	风扇	冗余风扇，支持在线更换
	控制器数量	1
	内存	最大 8GB
	机箱	整机完全自主设计。采用 1.2mm 的加厚热镀锌钢板；高精度铝合金滑道；自主专利的抽拉式硬盘架。
	配置界面	WEB GUI
存储协议	存储协议	iSCSI、SAMBA、NFS、FTP
视频性能	视频接入	256 路@2M、128 路@4M、64 路@8M
数据管理	硬盘个数	24 个硬盘（4T 硬盘支持）
	Raid 模式	Raid0、1、5、6、10、50、60、单盘
	硬盘安装	独立硬盘支架，支持硬盘热插拔
	硬盘热备	支持全局热备盘
	硬盘扩展	支持 2 个扩展柜

表6-4(续)

网络接口	网口个数	4个千兆以太网数据接口，1个千兆管理网口；可扩展到8个千兆数据网口
	网口特性	多网口负载均衡绑定，用户可配置负载均衡模式和主备模式
其他	电源	交流100V～240V，60Hz/50Hz
	整机功耗	小于500W（含硬盘）
	工作环境温度	5℃～40℃
	工作环境湿度	10%～80%（非凝露）
	储存环境温度	-20℃～70℃
	储存环境湿度	5%～90%（非凝露）
	工作海拔	-60m～3 000m
	尺寸	W×H×D＝446mm×175mm×495mm
	安装方式	标准19英尺机架式安装

四、视频管理平台

1. 硬件功能需求

- 嵌入式 Linux 一体机，30×24 小时稳定运行
- 支持本地硬盘 RAID 0、1、5
- 支持 700M IP-SAN 扩展存储
- 支持 1 000M 流媒体转发和 384M 本地存储
- 支持双机热备和负载均衡
- 支持本级 20 个堆叠和上下 5 级级联部署
- 支持 GIS 地图（GoogleMap）
- 支持 ONVIF、GB/T28181 标准协议的设备接入
- 支持 IVS-B/PC 等智能设备接入
- 支持平台 SDK 开发包
- 支持 iphone、ipad、android 手机端应用
- 支持前液晶板系统服务状态显示和系统基本参数设置

2. 软件功能需求

- 用户管理

支持客户端用户、管理员用户的增删改，以及其权限设置；支持用户的离在线状态检测。

- 设备管理

支持编码器设备、解码器设备、动环设备、智能设备、矩阵设备，以及平台服务的增删改管理；支持设备的离在线状态检测；支持设备的配置管理。

- 组织管理

提供组织结构的增删改管理，可以指定组织的层级和编号。

- 录像管理

提供录像计划的设置，并可以配置时间计划模板，方便进行计划配置时使用。

- 报警设置

提供报警预案、报警上墙任务、报警类型、报警时间模板、联动等级等的设置，实现平台对报警的精细化管理。

- 系统设置

提供对平台系统运行所需的参数的配置修改功能，包括电子地图服务器IP、日志保留时间、系统校时等的参数配置。

- 日志管理

系统记录用户的操作日志，设备的报警日志，设备的状态日志；提供对日志的查询、搜索等操作。

- 实时监视

查看前端设备的实时视频，并提供丰富的操作，包括多窗口分割、视频抓图、实时录像、图像显示设置、窗口比例设置，以及视频轮切等功能。

- 动力环境

查看前端环境探测器的实时数据；查询前端探测器上传的历史数据；用曲线图的方式展示前端探测器的数据；对动力环境参数设置阀值，超过阀值及时提示报警；制定各种报警预案，提供各种报警通知方式。

提供控制系统功能，包括灯光、警笛、空调等的控制单元。

- 云台控制

支持实时视频查看时，对云台进行控制，包括八方向控制、变倍＼聚焦＼光圈、步长选择、设置预置位、灯光、雨刷、控制锁定等多方面功能。

- 录像回放

系统可以查询前端设备的相关的录像数据，并可以进行录像回放、录像下载、视频抓图、多倍速控制等功能操作。

- 报警通知

系统能采集前端设备、服务设备的报警信息，并可以将报警派发到客户端，发送邮件、短信等通知到指定用户，以及进行其他报警联动功能。

- 视频上墙

支持电视墙配置和视频上墙功能。可以在管理平台添加电视墙的配置，对电视墙进行画面分割、通道关联等操作。

- 语音对讲

提供对设备的语音对讲、广播、喊话、投放功能。

- 出入口系统

接入出入口相机，提供出入口系统接入功能，能够实时显示出入口车辆通行信息、自动开合出入口道闸设备、提供车辆出入记录及统计功能；

- 门禁系统

接入门禁系统，远程控制门禁开关，实时显示开关门的信息，提供门状态及其他系统信息的关联控制，提供历史门禁数据查询和统计。

- 电子地图

支持电子地图功能，可以对地图进行配置管理、框选、圈选等功能操作。

3. 参数指标

表 6-5　　　　　　　　　　　　　　参数指标

系统	CPU 类型	4 核 CPU
	操作系统	嵌入式 LINUX 系统
	机箱	1.2mm 加厚热镀锌钢板；高精度铝合金滑道；自主专利的抽拉式硬盘架
	内存	标配 8G 内存（可扩展）服务器级（带 ECC 校验）
	本地系统设置	系统配置，包括系统时间设置，平台服务运行参数配置
显示接口	液晶屏	显示系统信息，状态。包括：系统时间、系统硬件信息、平台服务运行状态等
	VGA	VGA 接口一个
数据管理	硬盘个数	支持 16 个 SATA0、SATA1 标准硬盘，单盘最大支持 3T
	硬盘安装	单盘独立硬盘支架，支持硬盘热插
网络接口	网口个数	4 个 1 000Mbps 以太网口

表6-5(续)

数据接口	USB 接口	提供 4 个 USB2.0 接口
	串口	RS232 接口一个
	外部扩展接口	eSATA 接口
	故障报警	支持邮件、蜂鸣、SDK 等方式进行故障报警
	电源、背板、主板、连接方式	通过背板做主要通道，将前端硬盘、后端主板和电源采用接插件方式连接，尽量避免采用线缆连接方式
	电源	100V~240V，47~63Hz，支持热插拔
	功耗	10W~200W（含硬盘）
	工作温度	0℃~50℃
	工作湿度	5%~90%（非凝露）
	整机尺寸	526mm×485mm×135mm
	二次开发	提供平台 SDK 接口

五、智能分析服务器

1. 功能需求
- 采用功能强大的服务器平台
- 实现出入口双向人数统计功能，支持报表查询
- 支持 8 路 CIF/8 路 D1/8 路 720P/4 路 1 080P 智能分析

2. 参数指标

表 6-6　　　　　　　　　　　　　　参数指标

系统	主处理器	至强 E3-1220
	内存	4G
	硬盘	500G
	网卡	双口千兆网卡
	外部接口	4 个 USB2.0 接口，1 个串行接口
智能分析		区域入侵、绊线检测、徘徊检测、遗留检测、搬移检测、物品保护、非法停车、快速移动、逆行检测、聚众、安全帽佩戴检测

表6-6(续)

性能参数	分析能力	8 路 CIF/8 路 D1/8 路 720P/4 路 1 080P
	编码图像质量	CIF（352×288）、D1（704×576）、720P、1 080P
	最小识别物体	CIF 分辨率下最小人头大小：20×20 像素
	响应时间	响应时间：<1 秒
	准确率	计数准确率：>90%
其他	电源	250W
	工作温度	10℃～35℃
	工作湿度	20%～80%（无冷凝）
	存储温度	−40℃～65℃
	存储湿度	5%～95%（无冷凝）
	尺寸	1U（434.0mm×394.3mm×42.4 mm）

六、解码管理平台

1. 功能需求

能够实现模拟摄像机、SDI 摄像机、DVR、IPC、模拟矩阵、DVD、电脑 DVI/VGA 信号上墙，满足客户对各个场所的监控需求，实现宣传片和 PPT 演示以及各种数据报表上墙展示的需求。并且能够与各级监控平台互联互通，能够组网实现更大规模的监控需求。同时能够完美对接 DSS 平台、网络键盘、IPSAN、EVS、ESS、NVR 等多种设备，实现完整的监控系统解决方案。

2. 参数指标

（1）硬件结构

• "标准 19"的 4U 机架设计，电信运营级机箱系统

• 冗余电源系统设计

• 冗余风扇散热系统设计

• 插卡式模块设计，可根据市场需求灵活配置；业务卡支持热插拔，可方便进行维护

• 支持直流/交流电源，适应于机房等应用环境

• 支持 320 路 D1 模拟（CVBS）或 80 路高清信号的采集编码（满配）

• 支持 640 路 D1 或 360 路 720p 或 160 路 1 080p 信号解码（满配）

• 支持 80 路 300W/500W/800W 解码（满配）

（2）矩阵切换

- 支持模拟、数字视频信号的输入和矩阵输出
- 支持标清、高清视频信号的矩阵切换和输出
- 支持模拟/SDI/HDCVI 信号无压缩直接输出上墙
- 支持网络键盘、客户端等控制切换

（3）网络功能

- 支持 2 个千兆带宽网络接口
- 用于矩阵的控制、视频实时预览以及网络应用
- 支持 TCP/IP 协议，支持 RTP/RTSP/RTCP/TCP/UDP/DHCP
- 等网络协议
- 支持远程控制模拟、数字视频切换上墙
- 支持远程重启、远程升级和恢复默认设置等操作
- 支持用户权限管理、支持白名单功能

第八节　系统特色

工地安防管理系统充分体现了"集成化""数字化""智能化""网络化"设计特点。

一、集成化

工地管理系统将前端设备接入、视频录像存储、流媒体转发、视频智能分析、监控平台管理和监控设备管理等技术充分整合，采用嵌入式的架构，提升了系统的适用性与稳定性。

系统实现对监控、存储、报警、对讲等设备的稳定接入，对广播系统、一卡通系统、信息管理系统等应用系统的数据信息做到有效地传输，并对政务信息管理系统等做到前瞻性的数据接口的预留。

子系统采用标准化、模块化和系列化的设计，构建的子系统间均能实现无缝对接，并能在统一的操作平台上实现管理与控制，从而达到系统集成化的目的。

二、数字化

工地实战平台集众多信息系统、不同品牌的数字化系统于一体，业务流贯

穿工地多个部门，起到相互协调、信息共享与资源复用的作用。

系统以监控报警事件为核心，对人员活动、信息交互、应急事件处理、工地情况监控等业务自动进行监控管理，融合数字化视频监控对现场状况进行快速判断和智能分析，对符合条件的活动请求予以通行，对不符合条件的活动请求予以拒绝，并自动发出网络化报警信息至值班管理员与工地管理者，更高等级的报警可以上传市级平台，甚至是省级平台。

三、智能化

系统利用先进的视频智能分析技术，可以提供实时行为分析、图像增强处理、录像浓缩检索等多种智能化应用，大大减轻人员工作压力。系统在不需要人为干预的情况下，对摄像机的图像进行自动分析，对动态场景中的目标进行定位、识别和跟踪，并在此基础上分析和判断目标的行为。做到既能完成日常管理又能在异常情况发生的时候及时作出报警与联动，从而解决了传统监控工作量大、效率低、反应速度慢、报警以后无法联动响应等问题。

四、网络化

系统随视频监控系统的发展趋势，从集总式过渡到集散式。采用多层分机的结构形式，打破了布控区域与设备扩展在地域数量上的界限，更使整个网络系统中的硬件软件资源、任务、负载设备得以共享，从而系统设备的配置形式具有通用性强、开放性好、组态灵活、界面友好、调试简单等优点。

第七章　成果示范

再好的规划和设计，只有变成现实，才能为实际工作提供服务。建筑市场监管信息平台作为一套覆盖全省范围工地、省内外从业企业网、省内外从业人员、各方责任主体的系统工程，要从设计变为现实更是一项艰巨的工程，不仅仅是技术方面的因素，更多的是理念、思路、组织、管理、协调。经过10多年的努力，秉承服务于主管部门、建设单位、从业企业、从业人员、社会公众的理念，充分调动使用部门、开发公司、终端企业和个人各方的参与积极性，信息化成果已经显露成效，为业务办理、信息公开、数据共享各方面提供支撑。

下面对取得的各类成果进行展示。

第一节　项目监管

图 7-1　系统登录

"四川省建筑市场监管与诚信一体化工作平台"（以下简称"一体化工作

平台"）对建设工程从选址到竣工的全业务过程进行管理，主要用于进行建设项目一书两证、招标投标、施工许可证、停复工管理、事故上报管理、竣工验收备案等事项办理和管理工作。企业完成各自的申报、填报、监理工作，主管部门完成项目的审批、监督、管理、执法监察。在项目管理过程中，实现了共享从业企业和从业人员信息，确保了信息的统一，便于审查和管理；同时利用企业和人员参与项目的信息，实现主要参建人员锁定，避免多个项目的同时参与。

- 施工许可证业务填报：

项目、企业、人员数据共享后，在填报业务的时候，确保工程项目信息一致：

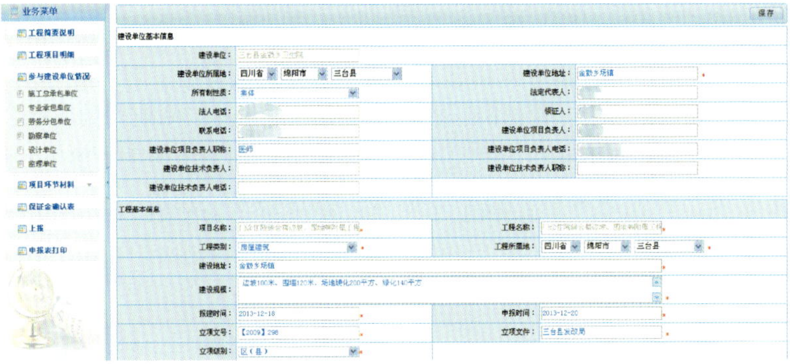

图7-2 施工许可证业务填报表

项目、企业、人员数据共享后，企业和人员数据也只能从共享数据库中选择获取，这样一来就避免了基本信息、资质信息、人员证书信息的错填或者误填的情况发生：

图7-3 施工参建人员信息表

填报完数据后，上报审查，企业在系统中直接打印申报表，然后交由主管部门审查；项目、企业、人员数据共享后，实现主要参建人员锁定，因此主管部门审查时，可以查看多个项目中是否有人员同时参与的情况。具体填表流程如图 7-4 和图 7-5 所示。

图 7-4　审核信息表

图 7-5　人员管理表

● 人员锁定查询

主管部门也可单独进行人员锁定查询。人员锁定查询表如图 7-6 所示。

图 7-6　人员锁定查询

• 人员采集

图 7-7　人员采集

• 人员信息比对采集

如图 7-8 所示。

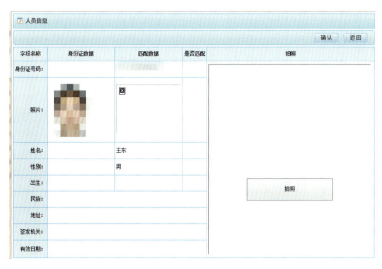

图7-8 人员信息比对采集

• 电子地图

通过项目报建，及时在地图上进行项目定位，这样便于主管部门及时掌握所管辖区域内项目的分布情况，可对重点监控项目集中整治。

电子地图示例如图7-9所示。

图7-9 项目地图定位

• 工地视频监控

目前随着信息化的发展，很多工地也采取安装摄像头的方式进行实时监控，真正实现事故早发现，保障施工安全。

视频监控需在施工现场安装前端一体化网络视频监控设备，并通过网络资源进行数据传输。管理人员通过使用工地视频监控，在任何时间、任何地点都可以通过远程监控终端进行实时视频浏览，还可以对施工现场违章操作情况进行远程抓拍，将录像行为作为处罚依据，同时可通过工地视频监控系统对工程项目下达处罚通知书。通过系统可及时反映施工现场的基本情况和形象进度变化，防范建筑生成安全事故的发生，实现实时监测施工现场安全生产情况。工地视频监控如图 7-10 所示。

图 7-10　工地视频监控

• 塔机监控

通过对起重设备的产权备案、现场运行和统计，实现对塔机整个生命过程的实时记录以及运行情况的实时监控。从而为各操作人员提供有效保障，帮助责任单位实时高效地进行动态化管理，同时也为主管部门监管提供了强有力的手段。

塔机监控需在施工现场安装监控硬件设备，并通过传感器技术、嵌入式技术、数据采集和融合技术、无线数据通信技术、GPS 全球定位系统以及网络技术，实现对塔吊的全过程异地监控管理。塔机监控如图 7-11 所示。

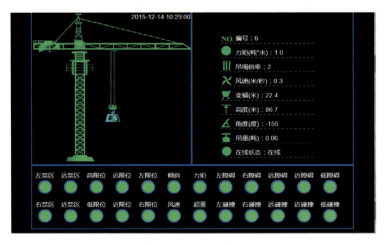

图 7-11　塔机监控

第二节 企业资质

随着社会的发展，建筑越来越多，也越来越需要具有建筑资质的企业来进行施工建筑。企业资质是企业从事建筑业活动的敲门砖，只有行业有了标准，才能保证施工的安全和施工的质量，才能让客户放心。

目前来看整个建筑行业企业资质包括建筑业企业、设计施工一体化、安全生产许可证、工程监理、房地产开发、工程勘察、工程设计、园林绿化、招标代理、物业服务、质量检测机构、工程造价咨询、施工图审查、房地产估价、城乡规划编制、工程项目管理、燃气经营许可。每种类型资质国家都发布了资质管理标准，四川省参照国家标准并根据自身实际情况定制开发了"四川省住房城乡建设电子政务平台"，通过十多年系统化的管理，加强了对建筑行业的企业资质管理，已逐渐规范了四川省的建筑业市场，维护了从事建筑业活动企业的合法权益。企业资质办理流程主要有以下4个阶段。

- 资质办理。资质办理界面如图7-12所示。

图7-12　资质办理界面

- 资质申报表单填写。资质申报表单如图7-13所示。

第一步：申请表填报（包含上报资质、企业基本情况、人员、业绩及设备情况）；

第二步：电子材料上传；

第三步：数据上报；

第四步：报表打印

图 7-13　资质申报表单

- 主管部门受理。主管部门受理表如图 7-14、图 7-15 和图 7-16 所示。

图 7-14　主管部门受理列表

图 7-15　主管部门受理意见

省域建筑市场监管和诚信管理信息化建设研究与实践

图 7-16　主管部门受理审查

- 主管部门审核。主管部门审核表如图 7-17、图 7-18 所示。

图 7-17　主管部门审核列表

图 7-18　主管部门审核意见

第三节　人员资格

四川省住房和城乡建设厅负责建设行业的人员资格培训和考试以及证书发放，人员类型主要有：注册建造师、注册建筑师、注册结构工程师、注册造价师、注册监理工程师、三类人员、特种作业人员、专业技术人员等。

一、注册类人员

注册建造师注册由人员自行申请并上报至企业。建造师初始注册申请表如图 7-19 所示。

图 7-19　建造师初始注册申请表

企业收到人员上报的注册数据后，由企业统一管理报审。初始注册申请人员名单如图 7-20 所示。

图 7-20　初始注册申请人员名单

主管部门收到企业上报的人员审核数据，逐一进行审核。注册审查表如图 7-21 所示。

图 7-21　注册审查表

二、三类人员

三类人员由主管部门开设培训班级，人员报名参加培训，最后统一进行考试，考试合格者发放证书。

- 开设班级，如图 7-22 所示。

图 7-22　开设班级

- 成绩审核，如图 7-23 所示。

图 7-23　成绩审核

- 证书发证，如图 7-24 所示。

图 7-24　证书发放

第四节　市场行为

一、不良行为

在开展建筑市场监管信息化建设工作的过程中，建筑市场主体在工程建设过程中违反了有关工程建设的法律、法规、规章或强制性标准和执业行为规范，经县级以上建设行政主管部门或者委托的执法监督机构查实，可对该建筑市场主体进行不良行为记录在案，在其办理其他任何业务时，该建筑市场主体的诚信分值以及不良行为记录都可查得，以供主管部门参考。

- 企业不良行为记录，如图 7-25 所示。

图 7-25　企业不良行为记录

- 不良行为填报，如图 7-26 所示。

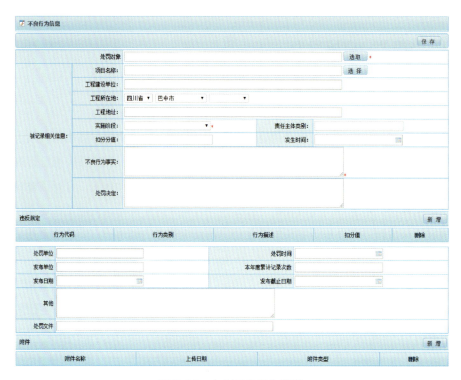

图 7-26　企业不良行为填报

- 企业不良行为综合查询，如图 7-27 所示。

图 7-27　企业不良行为综合查询

- 人员不良行为记录，如图 7-28 所示。

省域建筑市场监管和诚信管理信息化建设研究与实践

图 7-28　人员不良行为记录

- 人员不良行为综合查询，如图 7-29 所示。

图 7-29　人员不良行为综合查询

二、优良行为

优良行为也是建筑市场主体诚信分值的重要组成部分。如果各类建筑业企业在建筑市场活动中获得相应的表彰及奖励，也应及时向建设行政主管部门上报，并由企业所在地主管部门对其上报的优良行为进行核实登记，确认属实可向社会公众发布。

- 企业优良行为办理，如图 7-30 和图 7-31 所示。

图 7-30　企业优良行为办理

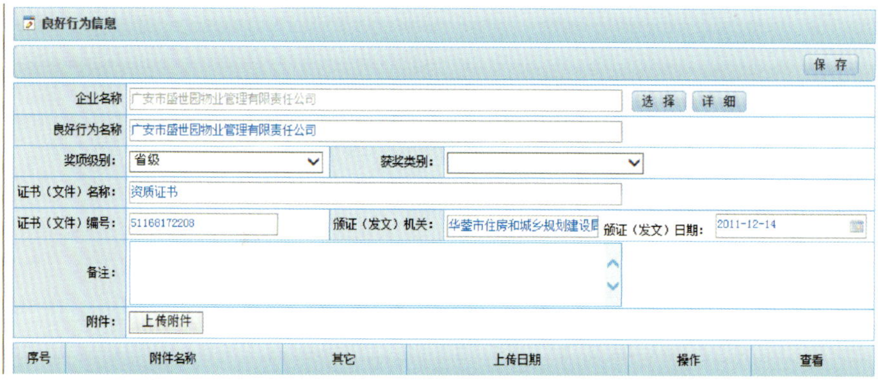

图 7-31　企业良好行为信息

第五节　信息发布

四川省住房和城乡建设厅网站作为省住建厅的门户网站，是发布全省建设行业资讯的权威网络媒体，主要发布建设行业最新资讯、法律法规、政策标准、文件通告、公示公告等，尤其是网上审批的结果需发布到网站进行公示，公示期过后，如无任何异议，便可发布到网站上告知社会公众，实现资源共享、信息交流，真正做到公开、公正、公平。

项目信息公开共享专栏，就是通过网站平台发布项目审批结果、企业和人员信用信息。项目信息公开共享专栏如图 7-32 所示。

图 7-32　项目信息和信用信息公开共享专栏

- 项目信息，如图 7-33 所示。

图 7-33　项目信息

- 企业信用信息，如图 7-34 和图 7-35 所示。

图 7-34　企业信用信息（不良行为信息）

图 7-35　企业信用信息（优良行为信息）

- 人员信息，如图 7-36 所示。

图 7-36　人员信息

第六节　数据分析

在已有业务系统的基础上，通过动态采集，分析工程项目、企业、人员以及市场行为信息，形成综合查询数据库，然后再利用大数据挖掘技术提供相关数据的查询统计分析。建筑行业的大数据分析，帮助企业和主管部门从数据中获取结果，为主管部门做出智慧决策提供了坚实基础。

- 建筑业总产值对比如图 7-37 所示。

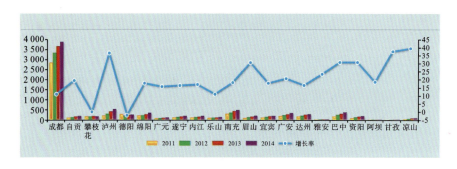

图 7-37　2011—2014 年全省建筑业总产值对比图

- 建筑业企业增长情况如图 7-38 所示。

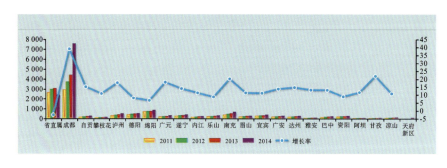

图 7-38　2011—2014 年全省建筑业企业增长情况

- 各省入川建筑业企业情况对比如图 7-39 所示。

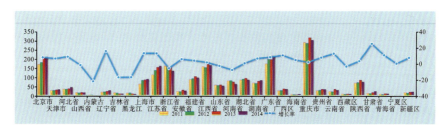

图7-39　2011—2014年各省入川建筑业企业情况对比图

● 注册建造师分布比例如图7-40所示。

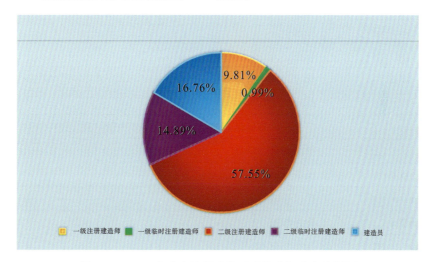

图7-40　2014年全省注册建造（建造费）分布比例图

第七节　对外接口

一、招标总站接口服务

完成同招标总站的上下行数据交换工作。主要包括人员信息（注册人员、从业人员等）、企业基本信息、项目基本信息。

（1）接口标准

人员信息数据上报：CreditSynServiceSoapClient. Notify（DataNotifyInfodata）；

DataNotifyInfo 成员

EventData	通知包含的数据，具体的数据类型由 NotifyType 属性决定（EmployeeInfo）
EventId	消息 id
NotifyType	通知消息类型：EmployeeUpdated 从业人员信息变更，传递数据类型：EmployeeInfo

EmployeeInfo 成员

Birthdate	出生日期
CompanyName	所在企业
Duty	职务
Education	学历（码表类型：education）
Email	Email
EmployeeId	从业人员 id（信用档案系统中的从业人员信息主键标识）
IdCard	身份证号
IdentityType	人员身份类别
IsOutsideHires	是否外聘
IsPartTime	是否兼职
Major	所学专业
ManagerialYear	管理资质年限
Mobile	手机
OrganizationNO	企业组织机构代码
PersonalRecords	档案存放单位
Photo	照片
ProfessionalCode	职称证类型
ProfessionalDate	当前职称获得时间（yyyy-MM-dd）
ProfessionalLevel	职称等级
ProfessionalName	职称证名称
ProfessionalNO	职称证号
QQ	QQ

School	毕业学校
Sex	性别
State	状态：0 正常，1 注销（屏蔽）
Telphone	电话
TrueName	姓名
WorkMajor	当前从事专业
WorkYear	当前专业的从事年限

人员信息数据下载：EmployeeInfoCreditInfoRetrievalSoapClient. GetEmployeeInfo
（string IdCard）；

IdCard	人员身份证号

EmployeeInfo 成员

Birthdate	出生日期
Duty	职务
Education	学历
Email	电子邮件
EmployeeId	人员编号
IdCard	身份证号
IdentityType	人员身份类别
IsOutsideHires	是否外聘
IsPartTime	是否兼职
Major	所学专业
ManagerialYear	管理资质年限
Mobile	手机
OrganizationNO	企业组织机构代码（所在企业）
Photo	照片 Url
ProfessionalLevel	职称等级
ProfessionalName	职称证名称
ProfessionalNO	职称证号

QQ	QQ
School	毕业学校
Sex	性别
State	状态
Telphone	办公电话
TrueName	姓名

企业数据上报：CreditSynServiceSoapClient. Notify（DataNotifyInfodata）；

DataNotifyInfo 成员

EventData	通知包含的数据，具体的数据类型由 NotifyType 属性决定（EnterpriseInfo）
EventId	消息 id
NotifyType	通知消息类型：EnterpriseUpdated 企业信息变更，传递数据类型：EnterpriseInfo

EnterpriseInfo 成员

Address	联系地址
BankAccountNo	开户银行账号
BankName	开户银行
Email	电子邮箱
EntEcoType	企业经济性质
EntExpireTime	经营期限
EntId	企业编号
EntName	企业名称
EntOtherName	企业曾用名
EntRegistDate	工商注册日期
EntType	企业类型
Fax	传真
JuridcialCode	企业组织机构代码
Leader	法人代表

LicenceNo	营业执照注册号
LicRegistDept	营业执照登记机关
LinkMan	联系人
ManageDeptName	主管单位名称
Mobile	手机
OrgRegistDept	组织机构登记机关
RegistAddress	企业注册地址
RegistDistrict	工商行政区划
RegistFund	注册资本
RegistPostcode	企业注册地址邮政编码
Services	经营范围
Subjection	企业隶属
Tel	联系电话
UpDeptDistrict	建设行业和主管部门行政区划
WebUrl	企业网址

企业数据下载：EnterpriseInfoCreditInfoRetrievalSoapClient. GetEnterpriseInfo-ById（GuidEntId）；

EntId	企业编号（全球唯一编码 GUID）

EnterpriseInfo 成员

Address	联系地址
BankAccountNo	开户银行账号
BankName	开户银行
Email	电子邮箱
EntEcoType	企业经济性质
EntExpireTime	经营期限
EntId	企业编号
EntName	企业名称
EntOtherName	企业曾用名

EntRegistDate	工商注册日期
EntType	企业类型
Fax	传真
JuridcialCode	企业组织机构代码
Leader	法人代表
LicenceNo	营业执照注册号
LicRegistDept	营业执照登记机关
LinkMan	联系人
ManageDeptName	主管单位名称
Mobile	手机
OrgRegistDept	组织机构登记机关
RegistAddress	企业注册地址
RegistDistrict	工商行政区划
RegistFund	注册资本
RegistPostcode	企业注册地址邮政编码
Services	经营范围
Subjection	企业隶属
Tel	联系电话
UpDeptDistrict	建设行业和主管部行政区划
WebUrl	企业网址

项目信息上报：CreditSynServiceSoapClient. Notify（DataNotifyInfo data）；
DataNotifyInfo 成员

EventData	通知包含的数据，具体的数据类型由 NotifyType 属性决定（EnterpriseInfo）
EventId	消息 id
NotifyType	通知消息类型：ProjectUpdated 建设工程项目信息变更，传递数据类型：ProjectInfo

ProjectInfo 成员

XMBH	项目编号
XMMC	项目名称
XMSD	项目属地
XMDZ	项目地址
JSDW	建设单位
JSDWDZ	建设单位地址
GCLB	工程类别
XMSFSW	项目是否涉外
YDMJ	用地面积
JSGM	建设规模

项目信息下载：ProjectInfoCreditInfoRetrievalSoapClient. GetProjectInfoById（stringProjectId）；

ProjectId	工程项目编号

ProjectInfo 成员

XMBH	项目编号
XMMC	项目名称
XMSD	项目属地
XMDZ	项目地址
JSDW	建设单位
JSDWDZ	建设单位地址
GCLB	工程类别
XMSFSW	项目是否涉外
YDMJ	用地面积
JSGM	建设规模

（2）核心元数据标准如图 7-41 所示。

代理机构从业人员表

人员编号	char(36)
姓名	varchar(30)
性别	varchar(2)
出生日期	datetime
身份证号	varchar(40)
职务	varchar(30)
学历	varchar(30)
所在企业	varchar(36)
企业组织机构代码	varchar(50)
毕业院校	varchar(50)
所学专业	varchar(50)
手机	varchar(40)
电话	varchar(40)
QQ	varchar(20)
照片	varchar(50)
电子邮件	varchar(50)
管理资质年限	int
当前从事专业	varchar(50)
当前专业的从事年限	int
职称证类型	varchar(50)
职称等级	int
当前职称获得时间	datetime
职称证号	varchar(100)
职称证名称	varchar(100)
档案存放单位	varchar(100)
状态	int
是否兼职	varchar(1)
是否外聘	varchar(1)
人员身份类别	varchar(200)
操作	int
操作时间	datetime

从业人员简历表

简历编号	char(36)
人员编号	char(36)
所在单位	varchar(200)
工作	varchar(200)
开始时间	varchar(30)
结束时间	varchar(30)
操作	int
操作时间	datetime

从业人员资格证书信息表

证书记录编号	char(36)
人员编号	char(36)
证书类型名称	varchar(50)
证书编号	varchar(50)
发证日期	datetime
有效期起始日期	datetime
有效期到期日期	datetime
发证机关	varchar(200)
证书状态	int
操作	int
操作时间	datetime

从业人员培训表

培训记录编号	char(36)
人员编号	char(36)
培训机构	varchar(200)
培训内容	varchar(200)
开始时间	varchar(30)
结束时间	varchar(30)
操作	int
操作时间	datetime

图 7-41 招标总站接口核心元数据标准

二、成都市电子监察系统接口服务

成都市电子监察系统接口使成都市建委系统能够对所管辖企业在省住建厅行政审批系统中办理的业务进行总体和细节上的全面监控，监控内容包括：办理环节、各环节办理状态、开始日期和办理时限等。

（1）接口标准

业务初始信息下载：TransactionIdCreditInfoRetrievalSoapClient. GetInitialInfo（stringTransactionId）；

TransactionId	业务编号

TransactionId 成员

TransactionId	业务 ID
ItemCode	事项编码
AreaCode	行政区划

EstDate	业务建立日期
ItemNo	办件流水号
DeptOrgCode	办理部门组织机构代码
AcceptMethod	接件方式
Sign	申请人、组织机构标记
AppName	申请人姓名
CredentialType	申请人证照类型
CredentialNo	申请人证照号
Tel	联系电话
AppOrgName	申请单位名称
AppOrgCode	申请单位组织机构代码
AppOrgAddress	申请单位地址
Email	电子邮件
Fax	传真
Url	网址
PostCode	邮政编码
Telephone	手机号码
TransactCont	办理内容
ReconnPlace	勘查地点
AppOrgCertType	申请单位证件类型
AppOrgCertNo	申请单位证件号
AppOrgTransMan	申请单位办理人
ApplyOrgLegalMan	申请单位法人
DataImportTime	数据导入时间
DataExtractSign	数据提取标记
Remark	备注

业务办理过程信息下载：ProcessInfoCreditInfoRetrievalSoapClient. GetProcessInfo（stringTransactionId）；

TransactionId	业务编号

ProcessInfo 成员

TranProcessId	业务过程 ID
TransactionId	业务 ID
OperaSpotCode	办件环节编码
InSpotName	内部环节名称
OperaStatusCode	办件状态编码
TransactMan	办理人员
TransOrgName	办理人员所在组织机构名称
TransOrgCode	办理人员所在组织机构代码
TransactTime	办理时间
TransactResult	办理意见、结论
PauseTimeLimit	暂停办理时限
ApprResult	评价结果
ApprTime	评价时间
WritNo	批文号
IsOnLine	是否网上处理
DataImportTime	数据导入时间
DataExtractSign	数据提取标记
TranProcessId	业务过程 ID
TransactionId	业务 ID
OperaSpotCode	办件环节编码

业务附件信息下载：AttachInfoCreditInfoRetrievalSoapClient. GetAttachInfo（stringTransactionId）；

TransactionId	业务编号

AttachInfo 成员

TranAttachID	业务附件 ID
TranProcessId	业务过程 ID
TranAttachNo	业务附件流水号
AttachType	附件类型
AttachBinaryFile	附件（二进制存放）
AttachBinaryFileType	二进制附件类型
AttachFileName	附件名称（文件存放）
AttachFileURL	附件地址路径
DataImportTime	数据导入时间
DataExtractSign	数据提取标记
TranAttachID	业务附件 ID
TranProcessId	业务过程 ID
TranAttachNo	业务附件流水号
AttachType	附件类型
AttachBinaryFile	附件（二进制存放）
AttachBinaryFileType	二进制附件类型
AttachFileName	附件名称（文件存放）
AttachFileURL	附件地址路径
DataImportTime	数据导入时间
DataExtractSign	数据提取标记

（2）核心元数据标准如图 7-42 所示。

业务初始信息	业务办理过程信息	业务附件信息
◆业务ID	◆业务过程ID	◆业务附件ID
◆事项编码	◆业务ID	◆业务过程ID
◆行政区划	◆办理环节编码	◆业务附件流水号
◆业务建立日期	◆内部环节名称	◆附件类型
◆事项流水号	◆办理状态编码	◆附件（二进制存放）
◆办理部门组织机构代码	◆办理人员	◆二进制附件类型
◆接件方式	◆办理人员所在组织机构名称	◆附件名称（文件存放）
◆申请人、组织机构标记	◆办理人员所在组织机构代码	◆附件路径
◆申请人姓名	◆办理时间	◆数据导入时间
◆申请人证照类型	◆办理意见、结论	◆数据提取时间
◆申请人证照号	◆批文号	
◆联系电话	◆是否网上处理	
◆申请单位名称	◆数据导入时间	
◆申请单位组织机构代码	◆数据抽取时间	
◆申请单位地址		
◆申请单位证件类型		
◆申请单位证件号		
◆申请单位办理人		
◆申请单位法人		
◆电子邮件		
◆传真		
◆网址		
◆邮政编码		
◆手机号码		
◆办理内容		
◆勘查地点		
◆评价结果		
◆评价时间		
◆数据导入时间		
◆数据提取时间		
◆备注		

图 7-42　电子监察系统接口核心元数据标准

三、省经信委接口服务

省经信委数据交换接口：通过政务信息资源服务接口提供项目审批公开信息、土地使用权审批和出让信息、项目建设管理公开信息、矿业权审批和出让信息、从业单位基本信息、从业单位信用评级信息、从业单位资质信息、从业单位不良行为信息、从业单位优良行为信息、从业人员基本信息、从业人员良好记录信息、从业人员不良记录信息给省经信委相关业务使用。

（1）接口标准

省经信委接口采用 HTTP 的 POST 方式进行 XML 数据交换，HTTP 协议要求如下：

- HTTP 请求的发送方式为 POST；
- 请求内容为 XML 的二进制流，Content-Type 设置为 text/xml；charset=utf8；
- 每一次请求只能包含一个 XML；
- 服务器响应也为 XML，具体格式参见 XML 结构对照表中的 Result。

（2）传输数据架构标准

XML 数据架构如下：

```xml
<? xml version="1.0" encoding="UTF-8" standalone="no"?>
<! DOCTYPE ProjectAuditInfo PUBLIC "-//JSXM//DTD INFO//CN" "http://zzgsc.
gov.cn/xml/ProjectAuditInfo.dtd">
<ProjectAuditInfo>
<NewId><![CDATA[新ID专栏返回ID]]></NewId>
<Id><![CDATA[原始ID]]></Id>
<OriginalProCode><![CDATA[原始项目编号]]></OriginalProCode>
<Area><![CDATA[项目所在地区]]></Area>
<AreaCode><![CDATA[项目所在地区编码]]></AreaCode>
<ProPublishDep><![CDATA[信息发布部门名称]]></ProPublishDep>
<ProPublishDepCode><![CDATA[信息发布部门代码]]></ProPublishDepCode>
<Founds><![CDATA[投资规模]]></Founds>
<ProName><![CDATA[项目名称]]></ProName>
<ProOwener><![CDATA[项目业主名称]]></ProOwener>
<ProOwenerCode><![CDATA[687955456]]></ProOwenerCode>
<StatusFlag>YES</StatusFlag>
<AuditYear>2009</AuditYear>

<ProAudit><![CDATA[项目建议书批复结果]]></ProAudit>
<ProFeasibility><![CDATA[可行性研究报告批复结果]]></ProFeasibility>
<ProInitialPlan><![CDATA[初步设计方案批复结果]]></ProInitialPlan>
<ProEnergyPlan><![CDATA[节能评估审查批复结果]]></ProEnergyPlan>
<ProLocation><![CDATA[规划选址意见批复结果]]></ProLocation>
<ProLand><![CDATA[用地批复文件结果]]></ProLand>
<ProEnvironment><![CDATA[环境影响评价审批结果]]></ProEnvironment>
<ProConLic><![CDATA[施工许可(开工报告)审批信息]]></ProConLic>
<ProCheckResult><![CDATA[项目核准结果]]></ProCheckResult>
<Rmarks><![CDATA[其他信息]]></Rmarks>
</ProjectAuditInfo>
```

第八章　对建筑市场监管平台的思考

第一节　实践总结

从社会发展史看，人类经历了农业革命、工业革命，正在经历信息革命。农业革命增强了人类生存能力，使人类从采食捕猎走向栽种畜养，从野蛮时代走向文明社会。工业革命拓展了人类体力，以机器取代了人力，以大规模工厂化生产取代了个体工场手工生产。信息革命则增强了人类脑力，带来生产力又一次质的飞跃，对国际政治、经济、文化、社会、生态、军事等领域发展产生了深刻影响。

信息是反映客观世界中各种事物特征和变化的知识，是文本数据和多媒体数据加工的结果。数据是对客观世界进行的量化和记录，它表示的是过去，表达的是未来。就像不能没有空气和水一样，人类离不开信息。信息在物质和能源之后，成为人类社会生存和发展的第三大战略资源，已被公认为继人力、土地、资本、知识后的第5大生产要素，无处不在的信息技术应用，甚至可能会重构我们的人类社会。

信息化是一个国家由物质生产向信息生产、由工业经济向信息经济、由工业社会向信息社会转变的、动态的、渐进的过程；是充分利用信息技术，开发利用信息资源，促进信息交流和知识共享，提高经济增长质量，推动经济社会发展转型的历史进程，是人类社会发展的一个高级进程。信息化的核心是要通过全体社会成员的共同努力，在经济和社会各个领域充分应用基于现代信息技术的先进社会生产工具，创建信息时代社会生产力，推动生产关系和上层建筑的改革，使国家的综合实力、社会的文明素质和人民的生活质量全面达到现代化水平。

　　信息化在技术平台、管理资源和应用模式方面都在逐步地进化和演化，而且呈现出明显的阶段化特征，大体经历了三个阶段。一是以单机应用为特征的数字化阶段，即信息化 1.0 阶段，基本上是单机的数据库，采用的是客户机服务器结构的模式，典型的应用就是文档、表格的处理，还有部门级别的信息管理；二是以联网应用为特征的网络阶段，即信息化 2.0 阶段，技术平台扩展到了广域网和互联网，软件功能细分、类型极大丰富，开源软件发展成为抗衡商业软件的巨大力量，分立系统互联、独占数据共享、孤立业务协同，信息化设施能力提升，信息化进程拓广加深，实现了整个价值链的信息系统融合与协作；三是以数据的深度挖掘和融合应用为特征的智慧化阶段，即信息化 3.0 阶段，按照"统一规划、统一标准、统一管理和协调"的原则，建设跨地区跨部门跨行业信息系统，运用物联网、云计算、大数据、空间地理信息集成等新一代信息技术，促进联网互通、信息共享和业务协同，提高工作效率促进科学决策，加快工业化、信息化、城镇化、农业现代化融合。

　　住房和城乡建设系统的信息化建设起步于 20 世纪 80 年代末期，主要在计算机辅助设计、地形图数字化、生产自动化控制等方面，开始应用现代计算机技术。到 20 世纪 90 年代中期，由于网络技术的发展，信息技术越来越多地应用在建设领域各行各业，尤其是在地理信息系统、城市遥感信息系统、全球定位系统、远程控制、办公自动化、管理信息系统、IC 卡等方面。近年来，工作流、GIS、GPS、视频监控、SCADA、BIM、数据挖掘、云计算等前沿信息技术，被广泛应用于住房城乡建设行业。住房和城乡建设系统作为国民经济基础性产业，担负着城乡规划、建设、管理和服务的重要职责，传统的城市规划、建设、管理与服务方式急需变革，通过全面感知、信息共享、智能解题，在城乡规划、建设、管理、运行过程中采用信息化、智慧化、人性化等手段，推动管理创新，促进政务信息共享和业务协同，强化信息资源社会化开发利用，推广智慧化信息应用和新型信息服务，促进城乡规划管理信息化、基础设施智能化、公共服务便捷化、产业发展现代化、社会治理精细化，是住房和城乡建设事业科学发展的必然要求。

　　住房和城乡建设系统的信息化不单纯是个技术问题，它涉及方方面面，信息化的过程就是从"人治"向"法治"转变的过程。组织框架的重组、流程的再造，就意味着权力和利益的再分配。强化管理和控制，势必和一些习惯势力产生碰撞。所有这些，如果没有"一把手"坚定的信心和"一把手"的身体力行，是很难推动的。信息化建设是"一把手"工程，"一把手"的思路决定信息化的广度，"一把手"的魄力决定信息化的深度，强化对信息化建设的组织领导，是持续推进信息化建设的关键。其次，推进建设领域信息化，人才是根本。抓紧培养造就一大批信息化复合型人才，既善于经营管理，又懂现代信息技术，还具有先进管理理念的复合型人才，是推进建设领域信息化工作的当务之急。另外，推进建设领域信息化保障是基础，要多渠道筹集资金，加大对信息化的投入。政府有关部门要加强引导，努力做好信息化建设的服务与协调工作。要加强信息化基础设施建设，制定统一的技术标准，完善有关法律法规，加快信用体系建设，促进建设领域信息化的健康发展。

在住房和城乡建设系统信息化建设中，还应注意以下问题：

一是住房和城乡建设系统信息化建设要常抓不懈、久久为功。要制订建设系统信息化总体规划和技术政策，建立建设系统各行业信息化技术应用标准体系，编制建设领域各类数据标准与应用系统标准，规范建设领域信息系统建设行为，建设系统信息化是实现城乡现代化的重要前提条件。在城乡建设现代化进程中，建设系统担负着城乡规划、建设、管理、服务的重要职能，建设系统的信息化建设是社会信息基础设施建设的重要组成部分，关系到以人为核心的新型城镇化发展，关系到国民经济和社会现代化建设的全局。建设系统各产业部门在国民经济中占有较大份额，但多数属于传统产业，管理手段滞后、科技水平不高，国际市场竞争力水平较弱，产业素质在总体上与国际先进水平还存在相当大的差距，面临着极为艰巨的产业结构调整和产业优化升级的重任，而信息化建设，将是促进建设事业结构调整和转型发展的重要手段，将是实施"一带一路"战略，提高企业市场竞争力，企业走出去发展的重要举措。

二是住房和城乡建设系统信息化建设要统筹规划分步实施。运用信息技术提高政府的管理决策水平，提高企业的管理水平、经营水平以及企业的市场竞争力，是提高行业技术水平的基础，是适应经济发展新常态的重要途径。加快建设事业信息化进程既是国家信息化工作的总体要求，也是建设行业自身发展的需要。建设系统的信息化建设是一项系统工程，是一个长期持续的过程，不可能一蹴而就。统筹规划，循序渐进，是开展行业信息化建设应有的战略思想和心态。要加强顶层设计，分步组织实施，以规划为引领，以需求为导向，以应用促开发，强化信息共享、业务协同和互联互通，突出建设效能，提高公共服务水平，强化网络与信息安全保障，推进信息化建设步伐，强化行政许可、行政处罚、社会诚信等管理全要素数据的采集与整合，提升数据标准化程度，促进多部门公共数据资源互联互通和开放共享，逐步形成用数据说话、用数据决策、用数据管理、用数据创新的新机制，服务住房和城乡建设事业又好又快发展。

三是建设系统信息化建设要共建共享互联互通。在建设领域信息化建设过程中，要按照统一的数据标准开发建设，信息化工作的先进性主要体现为资源的共享性，如果没有标准，信息将无法共享，从而无法实现其先进性，按照统一的数据标准开展信息化建设尤为重要。要做到标准统一、数据同源，避免重复建设，形成信息孤岛，浪费国家资源，逐步达成"数据一个库、监管一张网、管理一条线、呈现一张图"的行业信息化建设目标。要充分认识城市空间信息数据的公共性和基础性，积极推进城市地理信息系统（GIS）、城市遥感信息系统（RS）、全球定位系统（GPS）的开发建设。要综合运用物联网、云计算、大数据等现代信息技术，整合人口、交通、能源、建设等公共设施信息，建立健全数据共享和交换制度，提高数据的利用效率和利用范围。

住房和城乡建设业务应用系统主要包括城乡规划、城乡建设、城市管理、勘察设计、建筑业、房地产、风景名胜区、工程建设项目、地下管线、智慧社区等方面的管理信息系统。建筑市场监管和诚信管理信息化建设，是建设系统信息化建设的重要组成部分。开展省域建筑市场监管和诚信管理信息化建设和应用，有利于提高建设行政主管部门的办事效率，提高为公众服务的水平；有利于政府的宏观调控，加强对建设行业的监管，减少决策失误；有利于廉政建设，增强政府工作的透明度，减少腐败；有利于改善我国城市的投资环境，促进参与国际性城市的建设；有利于城市实现跨越式发展，为保证城市的可持续性发展提供条件；有利于保证我国城市信息安全和国家信息安全；有利于加速科技成果转化，提升改造我国的传统产业。

开展建筑市场监管和诚信管理信息化建设，要把握四个方面的内容。一要确立信息化建设是服务的理念。有做才有为，有为才有位，有位更要为。信息化工作只有在服务中才能凸显价值，建筑市场监管和诚信管理信息系统只有在应用中才能实现价值。服务是全方位的，包括本单位、平级单位、下级单位，以及系统内的企业、个人、建设单位等，还有广大社会公众，只有广大用户参与使用系统和应用数据，才能提供更广泛更及时的数据源，信息系统功能的完善才有动力和基础。二要重视人才队伍建设。信息化建设的核心既不在于购买了多少软硬件产品，也不在于开发了多少信息系统，而在于要把领域内的需求收集到、领悟透、沟通畅，让系统真正反映和满足用户需求，为业务的高效和准确处理提供强有力的信息化保障。这就需要有专业信息技术基础但又不沉迷于技术的综合型信息化人才，开展与业务部门的耐心、深入、长期的沟通，通过写方案、做演示、培训等各种手段，调查分析挖掘进而引导用户需求，开发用户体验优良、高品质的信息系统。三要勇于创新，大胆尝试应用新技术、新方法开展信息系统建设。信息技术日新月异，用户需求越来越个性化，信息系统的规划、设计、建设等人员，只有不断学习，掌握新技术，运用新思维，才能满足不断提高的用户需求，使得应用系统不仅从功能上满足业务处理要求，而且能在视觉、使用方式、使用地点上多样化，比如最新的 HTML5+CSS3 的技术，不仅可以提高系统效率，而且能满足平板和智能手机的应用，给用户更丰富的体验。四要开展宣传和培训，推进信息系统广泛应用深入运用。信息系统建设既要总体规划分步实施，重点推进持之以恒，又要开展宣传和培训，使信息系统应用真正落地。宣传也是生产力，只有广泛、深入地宣传，才能让大家逐步听说、认识、了解、深入，直至自愿地接受和融入。针对不同的用户群体采用不同的宣传手段，包括报纸、杂志、网站、电视、微信、微博、短信等各种媒体渠道，采取专业文章、培训演示文稿（PPT）、演示动画等不同的方式，让不同的用户深入了解、熟练应用系统。

第二节　发展与未来

　　莎士比亚说过，"凡是过去，皆为序章"。作为辅助管理和决策的信息化事业随着管理者认知水平的提升而不断有新的需求出现，应用需求是无止境的。信息化建设只有开始，没有终结；只有起点，没有终点；只有更好，没有最好；永远在路上。随着大数据、物联网、互联网+等概念和技术的广泛普及和深入应用，建筑市场监管信息化的应用领域将更加宽广，应用价值将更加突出。

　　住房和城乡建设系统信息化建设，要贯彻"创新、协调、绿色、开放、共享"的五大发展理念，紧贴住房城乡建设发展大势，聚焦住房城乡建设中心工作，围绕住房和城乡建设信息化发展总体目标，以信息化标准体系建设促进信息系统研发应用，以省级数据中心建设促进公共数据资源集成共享，以完善电子政务系统建设促进政务办公一体化，以行业信息系统建设促进行业管理平台化，以公众服务平台建设促进公共服务便捷化，形成住房和城乡建设系统信息化发展新格局。如图 8-1 所示。

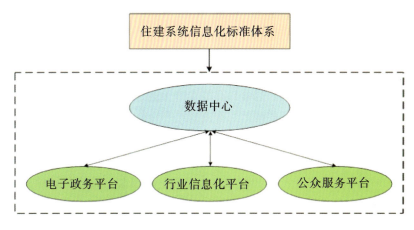

图 8-1　省级住房和城乡建设事业信息化格局

一、做好顶层设计

住房和城乡建设信息化建设包括信息化规划和信息化实施两个层面，顶层设计是信息化规划的具体化，是信息化规划和信息化实施的桥梁，也是当前信息化规划的薄弱环节。随着信息化建设实践的深入发展，顶层设计思想正在被越来越多的人所认可和重视。住房城乡建设领域涉及行业多，业务范围广，信息资源丰富，业务流程复杂，业务协同和信息共享需求多样，做好顶层设计更显必要。

住房和城乡建设信息化顶层设计要以业务为基础，以信息资源开发利用为主线，以业务协同和信息共享为重点，运用顶层设计理论，统筹考虑住房城乡建设信息化的各个方面、各个层次，从全局高度进行信息化建设应用总体构架设计。业务和技术是住房城乡建设信息化顶层设计的核心内容，必须研究和分析住房城乡建设管理的业务体制、业务职能、业务流程和业务模式以及住房城乡建设领域各行业之间、省市县管理部门之间的业务关联，研究和制定包含业务架构、数据架构、应用架构、技术架构、安全架构、管理架构、标准架构等内容的全省住房城乡建设管理信息化总体框架，并在总体框架下，开展信息系统和数据库建设，从而实现互联互通、信息共享、业务协同的信息化建设目标。

住房和城乡建设信息化顶层设计要以管理为中心，以数据为基础。住房城乡建设管理信息化的出发点和归宿是为了解决实际业务管理，提高业务管理效率，业务数据既是业务管理的基础支撑，也是业务管理过程对业务数据进行处理的结果。因此，住房和城乡建设管理信息化顶层设计，必须依据住房城乡建设管理部门的工作职能和住房城乡建设管理的相关政策法规，以住房和城乡建设管理的业务为主线，梳理和优化业务流程，组织和管理业务数据。传统的信息化建设模式是以业务工作流为基础，强调的是业务的流转和传递，而在实际业务管理工作中，业务办理过程具有很大的反复性，并且一项业务可能需要多个部门参与协同办理，在传统的工作流模式中只有当前业务流程的人员才能办理，其他相关业务人员无法参与办理，束缚了业务办理的灵活性，难以实现业务的并行、交互、协同办理，导致业务办理效率低下。因此，必须贯彻"以管理为中心、以业务为导向、以数据为基础"的思想，改变传统的以工作流为主的理念，以数据的流转和共享为基础，以业务办理需求为依托，强调以数据流为主，工作流为辅，实现业务协同。

首先，从住房和城乡建设系统全局视角出发，进行顶层设计，建立电子政务顶层架构，为服务体系、业务应用、业务信息资源、基础设施、标准体系和管理制度等方面的建设提供理论支撑和方法指导。

其次，构建住房和城乡建设行业信息化建设顶层架构，主要包括绩效、业务、服务、数据和技术等内容，用于规范资源配置，优化业务流程，实现业务重用，制定数据标准，以及明确技术体制。

最后，应成立专门小组负责行业信息化建设顶层架构设计与管理，并根据业务需要调整该架构，汇总、分析和上报在该架构指导下的信息共享、业务协同和应用建设情况，统筹规划行业信息化建设发展。

二、加强服务体系建设

住房和城乡建设系统信息化服务体系建设以服务对象为中心，以互联网、移动网等信息化技术为手段，为公众提供优质的便民服务，为业务人员提供高效的工作环境，为住房和城乡建设主管部门提供直观的决策支持，为信息化管理人员提供快捷的运维手段。

1. 建立面向公众的综合服务平台，提高服务便民性。以门户网站群和行政综合服务大厅等为基础，创新服务模式，建立以公众为中心、覆盖广泛的综合服务平台。加强服务模式创新，使综合服务平台具有支撑业务跨地区办理和就近办理的能力，逐步将服务延伸到街道和社区。充分利用移动通讯技术，开展住房城乡建设厅工程建设、房屋管理和住房保障等业务的短信通知和信息公开等服务，并随着三网融合的发展，提供更加多样、便捷的服务模式。

2. 建立面向业务人员的综合办公平台，提高办事效率。面向各级住房城乡建设管理部门，建立统一的综合办公平台，为省市县之间的公文流转、业务处理等政务工作提供安全可靠的技术保障，为住房城乡建设主管部门履行法定职能提供有效支撑。综合办公平台将办公自动化系统和业务系统进行无缝衔接，支持可定制的收发文流程，保证公文流转上下通畅，使公文流转和业务处理成为一个有机整体，达到一次登录、全方位办公的目的。依托综合办公平台，大力推进审批方式和工作流程创新，建立便民高效的业务协同模式，将业务受理权限逐渐下放至市州，减少互为前置的审批事项，减少审批流转时间和审批环节。充分利用移动通讯技术开展移动办公，为业务人员提供便捷的办公服务，从而提高办公效率，增强对外服务能力，为社会公众提供优质服务。

3. 建立面向领导的决策支持平台，提高决略规划能力。基于信息资源和业务系统，结合数据仓库、数据挖掘等技术，建立面向住房城乡建设主管部门领导的决策支持平台。该平台集报表管理、指标定制、模型构建、联机分析处理（OLAP）多维展示和地理信息系统（GIS）图形展示等为一体，为住房城乡建设主管部门领导全方位、多角度的把握工程建设、房屋管理和住房保障等工作现状和趋势提供信息化支撑。分析决策平台运用决策分析模型，对业务数据进行深度挖掘，量化分析，并以图形化、报表化的方式向领导直观展示分析结果，帮助领导分析历史数据，找出已发生事件的规律，研究住房和城乡建设方面的重大问题，拟制住房和城乡建设相关政策。

4. 建立面向信息化管理人员的运维管理平台，保障信息化平台安全稳定运行。从应用管理、数据管理、资产管理、资源管理、配置管理、安全管理、环境管理和应急响应等方面，开展住房城乡建设行业电子政务平台的整体运维工作。运维管理平台对住房城乡建设行业信息化平台进行集中统一的监控和管理，简化技术服务支持环节，使技术服务支持工作变被动为主动。加强对机房环境、网络、系统以及应用等方面运行状况的监控和预警，及时发现和解决问题，建立运维经验知识库，全面提高住房城乡建设工作的效率和整体服务质量，保障住房城乡建设业务系统的连续稳定运行。

三、加强管理制度和标准体系建设

加强管理制度和标准体系建设，为住房城乡建设行业信息化互联互通、资源共享、业务协同提供保障，实现行业信息化建设可持续发展。

1. 建立制度体系框架，推进制度体系建设。将电子政务纳入日常政务规程，确保电子政务在各部门政务工作中发挥重要作用。建立健全电子政务建设、运行和管理等方面的规章制度，确保电子政务建设有序进行。根据住房城乡建设电子政务建设和发展需要，建立由资源管理制度、项目管理制度、政务建设管理制度和信息安全管理制度等组成的制度体系框架。以制度体系框架的结构为基础，建立制度体系表、分析制度体系现状、对照制度体系表、梳理现有制度、建立缺失制度，最终建立完善的制度体系。

2. 建立标准化体系框架，推进行业信息化标准体系建设。遵循国家电子政务标准化要求，围绕住房城乡建设的特性，构建由总体标准、业务系统标准、应用支撑标准、信息资源标准、信息安全标准、网络基础设施标准、管理和运维标准等组成的电子政务标准体系框架。

建设领域信息化标准主要涉及信息技术基础、业务应用、项目管理等方面。信息技术基础标准包括物理环境标准、网络技术设施标准、应用支撑平台标准、信息安全标准等。首先采用信息技术行业的国际、国家通用标准，重点开展本行业专用标准的研究，夯实住房城乡建设系统信息化基础。在业务应用标准制订方面，围绕城乡规划、城市建设与管理、建筑业、住宅与房地产业等重要领域，开展住房城乡建设业务的管理要素和实体类别编码，编制业务规范及对应数据标准，制定基本应用的系统接口规范与信息共享标准，同时加强与测绘、国土等相关领域标准的衔接与共用。在项目管理标准制订方面，重点研究信息化管理的工作规范，明确信息资源采集、标识、注册、存储、更新、使用等的办法规程，建立起全省建设系统信息服务质量管理标准体系。如图 8-2 所示。

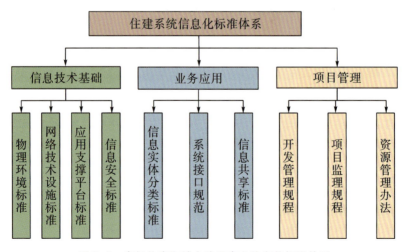

图 8-2　省级住房和城乡建设事业信息化标准体系

3. 完善电子政务项目管理体系，确保项目建设过程合理与规范。该体系覆盖立项、投标、规划、研发、上线、运维、升级、下线等环节，确保这些环节严格遵守电子政务项目管理体系各项要求，以保障有限财力对电子政务项目合理的投放，保障电子政务系统的成功建设。使电子政务建设与业务发展方向更加吻合，按照业务流程对系统进行分类和管理，有效发现和解决多系统实施时遇到的人员、时间、功能等冲突问题。完善项目管理体系中的成本管理、收益管理、资源管理等综合评估和分析细则，明确所有系统的运行状态和利用程度，为领导决策提供数据支撑，为电子政务建设管理和规划提供支持。

4. 建立电子政务绩效考核体系，确保建设质量和应用效果。建立切实可行、客观公正的电子政务绩效考核体系，从电子政务建设质量和应用效果等方面开展考核，将考核结果列入业绩考核，规范和引导电子政务建设，确保电子政务对履行法定职能的长效支撑。

四、打造住房城乡建设数据中心

1. 建设省级数据库系统。通过建立空间地理信息数据库、城乡规划数据库、房地产数据库、城市建设数据库、城市管理数据库、村镇建设数据库、从业主体数据库、工程建设管理数据库，将从业主体的诚信信息、工程项目法定环节信息、房地产产权产籍信息、质量安全监督信息、城市建设和管理信息、村镇建设信息、重大城乡规划成果、统计分析数据库信息、地理空间信息纳入省级基础数据库系统，实施统一存储和集中管理，逐步建成全省住房城乡建设行业数据存储、分析和处理中心。

（1）空间地理数据库。对各地的基础地形数据（包含建筑物、道路、水系、植被、地质地貌等信息）、影像数据（航片和卫片等）、专题数据（包括城市行政界限、城市路网、地下管线、江河流域、农田林地、旅游资源等各类特殊数据）等进行有效整合，以各级数字城市地理空间框架数据库为基础，建立全省的空间地理数据库，方便用户浏览、查询、统计、分析空间数据。

（2）城乡规划数据库。将区域规划、各市州城市总体规划、中心城区控制性详细规划、各类专项规划等重要规划成果数据，纳入全省城乡规划数据库，为全省城乡规划监督管理提供支持。

（3）房地产数据库。主要存储房地产登记和房地产市场数据。涵盖全省各地依照物权法和城市房地产管理法规定必须登记的房地产物权现状信息，全省各地商品住房供应和预售许可情况的动态信息，保障性住房建设计划及实施，商品房交易和房屋租赁登记信息。提供依研究主题对数据库信息进行抽取整理、分析挖掘、多态呈现的深度应用功能。

（4）城市建设数据库。将城市供水、节水、燃气、污水和生活垃圾处理等市政公用设施和国家级、省级风景名胜区、世界级文化遗产的现状、规划等信息纳入统一的数据库，逐步建立起全省城市建设数据库，为指导城市建设提供支持。

（5）城市管理数据库。整合省、市（州）数字城管平台运行过程中实时采集的13大类197小类城市管理部件、事件问题和城乡环境综合治理"五乱"问题等数据，数据内容包括：问题来源、问题类型、大类名称、小类名称、立案条件、区名称、街道名称、社区名称、单元网格编码、问题状态（上报/立案/结案/作废）、位置描述、问题描述、案件建立时间等主要信息。为建立全省数字城管统计分析和考核评价体系，提供时间、空间、来源、类型等多维度的数据支撑。

（6）村镇建设数据库。逐步建立全省村庄、集镇规划建设管理数据库，为指导全省小城镇和村庄人居环境的改善提供支持。

（7）工程项目数据库。建立和完善全省统一的各类建设工程项目总库，涵盖全省由住房城乡建设行政主管部门颁发施工许可的房屋建筑（含商品房和保障性住房）和市政公用设施项目。通过将工程项目与相关责任主体挂钩，实现工程项目、从业主体、质量安全事故情况、行业管理和行政审批数据的动态关联。

（8）从业主体数据库。在现行从业企业数据库和从业人员数据库的基础上，进一步建立和完善包括住房城乡建设行业从业主体在内的从业情况数据库。记载的行为主体包括工程建设、工程承包单位及其项目管理人员、监管部门、建设单位，以及房地产和市政服务企业和人员的信息。

（9）统计分析数据库。在面向情况记载的数据库系统基础上，进一步建立面向主题、面向辅助决策的智能分析型数据管理系统（数据仓库），为全省住房城乡建设行业管理和制订宏观调控政策和科学决策提供支持。

2. 建立数据交换平台。按照"多种来源、分布构建、集中协调、统一服务"的原则，建立省住房城乡建设厅数据交换平台，实现全省建设系统内各级业务部门之间，及与住建部、省相关厅局之间的数据交换。数据交换平台具备数据采集、数据汇总、数据分发、数据转换等功能，并提供数据存取服务，可按需进行实时的数据存取和访问；为合法授权的部门和系统提供数据接口，满足数据交换、汇总、分发、更新通知等功能要求，方便数据的共享与交换。如图8-3所示。

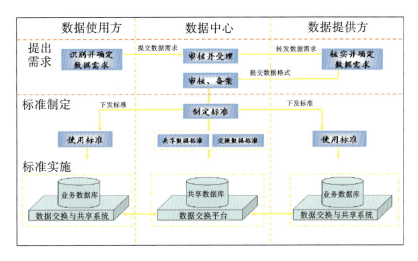

图 8-3 省级数据交换平台结构

五、推进政务平台建设

1. 建设全域协同办公服务平台。以全域协同、动态联动的综合办公需求为引导，扎根于常态化的基本业务内涵，以先进的协同管理理念和系统的设计思想，综合利用现代电子信息、移动通讯、互联网络等技术方面的成果，打造全省住房城乡建设系统全域协同办公服务平台，以理顺条块关系，加强共享交流，有效地消除信息隔阂，全面系统地提升行政办公水平。

住房和城乡建设系统内部上下级部门之间、同级行政主管部门之间，在重点开展人事资源管理、政策法规管理、计划统计管理、村镇建设管理、城市建设管理、执法监察等系统建设的同时，大力推进住房城乡建设系统上下级之间的信息系统建设与共享，实现住房城乡建设系统内部协同办公。住房城乡建设系统与发改、人社、财政、税务等其他系统之间，依托公共数据交换平台，严格遵守数据标准和安全认证体系，完成各业务系统之间的数据共享交换，基本实现省级各部门系统的协同办公。

2. 提升行政审批和管理的水平。依托四川省住房和城乡建设厅门户网站，以住房和城乡建设电子政务平台为基础，进一步完善行政审批系统功能，加强开发研究和应用指导，推进新技术应用，整合已有的信息资源，建设更为完善的一体化行政办公平台，全面优化包括窗口受理、网上填报、层级审批、网上公示、制发文书（证书/件）等各环节的行政审批流程，规范各项审批程序，简化审批手续，缩减报批时间，为企业、公众提供更加便捷的一站式服务。

六、推进信息化平台建设

1. 建设城乡规划建设管理综合基础平台。基于地理信息系统（GIS）、全球定位系统（GPS）、遥感（RS）等先进信息技术，以各级数字城市地理空间框架为基础，分区分片逐步建立服务全省全域的城乡规划建设管理综合基础平台，为实现城乡规划建设全省一盘棋管理提供基础蓝图。建设全省城乡规划综合服务系统，配合住房城乡建设部"全国城市规划监管系统"的推广应用；建设省、市（州）、县（区市）城乡规划信息互通共享系统，促进相邻城市规划间的横向协调和相互优化；建立以地理信息系统（GIS）、计算机、自动化和传感监测技术为基础的市政公用综合服务平台。条件成熟的市州进一步融合移动办公、移动巡查、视频会商等先进技术，构建遍布全域、实时、互动的日常管理和应急监控的全天候网络环境，强化城乡规划建设管理手段，为做好实地情况摸查、故障险情预警及应急处理、加强重大公共目标监控、实现办公等提供更好的条件和保障。

2. 建设建筑业综合管理服务平台。为做大做强建筑业，支撑各级主管部门监督、规范、引导建筑市场主体行为，需要着力建设建筑业管理服务平台。重点加快建立全省工程建设项目全程管理信息系统，推进贯穿立项审查、工程承发包、质量和安全监管、建筑检测管理、建材监管、竣工验收备案等重要建设环节工作和相关生产经营活动的信息化；建立全省建筑现场综合监管服务平台，强化省、市（州）、县（市、区）三级建设工程质量、安全、检测等监督机构的协调管理能力，支持基层质量、安全、检测等监督机构日常工作的深入开展；加快推广建筑信息模型（BIM）应用，促进协同设计、虚拟现实、多维（空间、时间、业务属性）项目管理等信息技术在勘察设计、施工过程和项目管理上的综合运用；初步建立覆盖全省的办公建筑和大型公共建筑能耗监测系统，制订各类建筑能耗定额，完善建筑能耗定额管理机制，加强办公建筑和大型公共建筑能耗管理，促进可再生能源在建筑中的应用，推动绿色建筑发展提高建筑能效，推进全省建筑节能工作开展。

3. 建设住房保障与房地产市场综合管理平台。住房保障涉及民生、政治乃至社会稳定问题。全面建立住房保障与房地产市场综合管理平台，为落实国家房地产市场调控和履行政府住房保障职责，促进房地产业平稳健康发展服务。要重点建设全省房地产信息系统，全面掌握个人住房权属情况，以实施差别化住房信贷、税收政策和住房限购措施，遏制投机投资性购房，合理引导住房需求服务。开发全省保障性住房管理信息系统，建立健全公开透明的保障性住房分配制度和退出机制，确保保障性住房分配公平公正、管理科学有序。建立房屋租赁登记备案管理信息系统，完善房地产市场信息披露制度。开发房地产市场预警预报系统、房地产开发监管及从业主体信用档案系统，加强房地产市场监测和行业监管；推进住房公积金监管系统的建设与应用，以保证住房公积金的有效应用和数据安全；建立全省物业维修资金监管服务平台，扭转政府对物业维修资金使用监管手段相对落后的局面，维护业主法定权益；建立房屋安全与危旧房改造监测管理系统，切实保障物业安全。

七、推进信息化示范工程建设

1. 在城乡规划建设管理方面，大力推进 GIS、GPS、RS、移动通讯和传感网等现代和新兴信息技术的综合应用，加强建筑物和配套设施建造过程的质量和安全监督，提升对房屋、城乡公用设施的巡查护养与管理服务水平。

2. 在房地产市场服务方面，鼓励有条件的城市开发使用二手房交易与房屋租赁管理服务系统，实现网上集中公布合法可信的房源信息和网上交易租赁统一备案，以加强对房地产中介服务监管，规范市场行为，保障买受人资金安全，为交易双方提供便捷服务。

3. 在宜居社区建设方面，积极推进住宅小区管理、服务和应急处理的智能化综合系统，风景名胜区保护、管理、服务、营销等全方位的数字化管理系统，园区规划监测、电子门禁、视频监控、GIS 地理信息、GPS 车辆调度、电子导游、网络售票等的一体化系统建设。

4. 在物联网应用试点方面，积极推动大型企业集约化管理的示范应用，促进企业物化资源（如建筑设备、安防装备、IC 卡等）的监控传感与互联网信息系统融合；推进城乡建设管理和防险减灾应用试点建设，促进公共照明、空调暖通、给排水、电梯、照明、供配电、能耗计量等建筑及设备的日常监控和管理，促进重要建筑物及附属设施在恶劣气候（如高温、强降雨、台风）和地质灾害（地基不均匀潜降、地陷、泥石流、乃至地震）下的安全防范。

5. 在节能减排方面，加快国家机关办公建筑和大型公共建筑节能监管系统建设、节约型示范高校试点建设、城市公共照明的节能改造系统建设、城镇污水和生活垃圾处理监控系统建设，促进信息化技术在可再生能源建筑推广示范方面的应用。

八、加强公众服务系统建设

1. 建立集中的住房城乡建设系统公共服务门户。以公共服务"大集中"

为原则，建设统一的公共服务平台。对于公共性、基础性的行业信息与服务功能，上下级、同级相关部门门户网站之间，做好相关内容与服务的关联链接和集成共建，方便服务对象，避免重复建设与维护。进一步拓展门户网站的便民服务功能，集中提供信息公开、网上办事、便民服务、监督参政等公共服务。

2. 拓展住房城乡建设系统民生信息化服务渠道。以"三网融合"为契机，通过加强基于现代信息互动网络的服务建设，及时向社会提供住房城乡建设系统公共事业的信息服务，获知公众诉求，掌握民生工程动态，促进相关工作的落实。做好各类民心信息服务系统的建设和运维工作，继续推广完善城市建设综合服务热线（12319）和城乡环境综合治理服务热线（96198），依法保障公民的知情权，拓宽反映诉求的渠道。

第三节　保障措施

信息化建设是指为了管理的提升而进行的一系列软硬件系统的搭建、推广、应用与维护升级等工作。信息化建设是一项系统工程，住房城乡建设领域涉及行业多，业务范围广，信息资源丰富，业务流程复杂，业务协同和信息共享难度较大，为了确保信息化建设有效实施和建设目标如期实现，应结合现有资源和需求，按照重点示范、分层推进、分步实施的原则，加强组织、人才、资金、安全、制度等保障，形成信息化建设的有效促进机制和保障机制。

一、加强组织领导

建立省住房城乡建设系统信息化领导小组，统一领导省域住房城乡建设系统信息化工作。分轻重缓急，突出每一个时期、每一个阶段行业信息化建设的重点，集中力量重点突破，实现整体推进与重点突破的良性互动，保证住房城乡建设信息化规划的有效实施。

设立省住房城乡建设信息化办事机构负责指导和组织实施行业信息化建设，负责编制省域住房城乡建设行业信息化建设总体规划、规章制度和技术规范，负责省域住房城乡建设行业信息系统和数据库的建设与运维，行业信息数据的传输、分析和发布，负责省域住房城乡建设行业信息技术的交流和培训，负责省级住房城乡建设主管部门门户网站、网上办公系统、电子政务系统、业务监管系统和信息服务系统的建设与运行维护，负责省住房城乡建设系统信息化领导小组办公室的日常工作。

按照"统一规划、集中管理、资源共享、信息互通"的原则，组织开发业务应用系统。纠正各自为政、重复建设、资源浪费、信息孤岛等问题，逐步形成全省集中统一的行业电子政务平台、行业信息资源数据库和数据中心，为住房城乡建设科学发展提供积极有效的信息技术支撑。

市州住房城乡建设行政主管部门要加强对信息化工作的组织领导，建立和完善相应的领导机构，搞好统筹规划，建立健全管理制度。明确信息化建设的目标和任务，一把手要亲自抓、负总责，建立职责明确、分工协作的工作机制，做到责任到位、措施到位和投入到位，有组织、有计划地开展本地信息化工作。

二、遵循基本原则

住房城乡建设信息化是一项系统工程，涉及面比较广，在信息化建设中应遵循的基本原则是：

一是强化管理，理顺机制。坚持信息化建设与服务住房城乡建设事业发展相结合、全面推进与重点突破相结合、加快建设与强化管理相结合、政府引导与完善市场机制相结合，把自上而下的集中统一领导与自下而上的基层实践创新有机结合起来，把对住房城乡建设信息化的认识统一到促进服务型政府建设这条主线上来，建立领导推进协调与监督咨询机制，强化统一领导、统一管理、统一规划、统一建设。

二是统筹规划，协同共享。合理布局信息化项目，科学制定实施步骤，全面梳理业务流程，合理规划建设内容。执行统一的业务规范，确保各级、各类系统之间的业务协同。加强数据标准研究，促进资源的优化配置，实现住房城乡建设系统内跨部门、跨层级的信息共享，提高信息资源的综合服务水平。充分整合利用各种资源，按照信息共享和业务协同的要求，建设新的系统，调整再建系统，改进已建系统，做到标准统一、信息共享，统筹推进。

三是深化应用，效果导向。通过深化应用，引导新的建设需求，形成良性循环机制，提高信息化建设的投入产出比。着力推动信息化基础设施、应用系统的集约建设和信息综合决策服务，不断提升信息化的整体质量与效益。以实际应用成效为核心，以解决实际问题、服务用户为出发点，深入挖掘应用需求，创新服务模式，做好推广应用，建立信息系统应用成效评估机制，引导住房城乡建设信息化步入集约化见实效的发展轨道。

四是优化环境，保障安全。住房城乡建设信息化平台在运行过程中，沉淀了数以亿计的公众信息和业务信息，信息安全至关重要。要把信息安全放在与信息化发展同等重要的位置，坚持积极防御与综合防范相结合，不断完善信息化管理体制和机制建设，加快人才培养和引进，促进信息化持续健康发展。要自主发展，保障信息安全，优先采购具有自主创新和自主品牌的信息技术产品和服务。针对业务系统面临的信息安全风险，围绕跨密级，跨安全等级的业务应用，制定安全策略，加强安全管理和设施建设，确保信息系统安全可靠。充分应用电子认证技术，深化数字证书应用，进行网上身份识别标识，确认用户不被潜入，帐号不被破解，确保信息系统应用时是本人在操作。

五是着眼服务，满足需求。住房城乡建设信息化是一项综合协调、综合服务、涉及多方面工作的服务与管理行为，在表现形式上属于服务的性质，但在服务中包含着比传统工作模式更强的综合管理行为。因此，信息系统建设要着眼于为行业提供应用服务，为社会提供信息服务，为机关提供监管服务，为领导提供决策服务。

六是总体部署，软硬兼施。在信息系统项目建设中，要总体部署，有序推进。以业务部门为主、技术部门为辅，组成信息化项目建设领导小组，定期召开项目协调会，通报项目进展情况，研究解决项目建设中遇到的问题和困难，通过合理的安排、明确的分工，推进项目实施。信息化建设应信息开发先于软件开发，软件开发先于硬件建设，将系统建设重点投入到信息资源的建设和软件系统平台的建设。在硬件购买上，立足于最适用，不追求最先进，把握前瞻性，把建设资金重点投入到更新相对较慢，使用周期较长的网络设备。对于计算机的配置，则应将重点放在升级时可反复使用的安全隔离设备上。在软件开发上，应该坚持用户主导，强调适用性，追求应用性，使用户体验优良，能轻松学会操作，系统能稳定运行。

七是重视资源，突出应用。管理工作的本质是决策，而决策的主要依据是各类信息。如果说网络是路，计算机是车，软件是交通规则，那么信息资源就是车上的货。修路、买车和制订交通规则的最终目的，是为了货物能够为人所知，被人所接受和利用。如前所述，硬件更新速度很快，极易贬值；软件开发周期很长，需要不断修改；而信息资源相对稳定，但需要长期积累。因此，为了充分利用有限的建设资金，信息系统在为领导决策、应用服务过程中迅速见效，要高度重视信息资源的开发和利用。建立行业数据库，可向国内知名的数据库厂商直接购买，与行业数据拥有者进行数据库交换。要密切关注行业各类信息，注意数据的积累、分类、整理等工作。采取多种方式培训，使用户迅速全面地掌握并熟练运用信息系统。

三、建立健全管理制度

制度建设带有根本性、全局性、稳定性和长期性。制度建设是一个制订制度、执行制度并在实践中检验和完善制度的理论上没有终点的动态过程，建立健全制度对于信息化建设具有重要的保障作用。要坚持"建、管、用"并重的原则，建立健全信息化建设、管理、应用推广和运行维护等方面的管理机制。

要根据国家和地方信息化建设总体规划，依据行业信息化发展需要，确定信息化建设的内容、技术路线、推进时序，强化信息化建设的前瞻性、严肃性和规范性。信息化建设项目立项阶段，要在广泛调研需求、充分听取用户和专家意见的基础上，做细做实编制项目建议书、可行性研究报告、初步设计和投资概算等工作；项目建设阶段，要严格执行国家《招标投标法》，细化项目设计，确立项目建设代理业主，建立项目建设管理制度，明确项目责任人，实行严格的工程监理、合同管理、设备与材料验收、项目进度等制度；项目建设后期要做好项目验收和后评价工作，对未实现项目建设目标和未达到设计效果的建设内容，要督促承建方及时整改，确保项目建设质量。

要建立数字证书身份认证、公共信息资源管理、网络管理、数据保护、数据交换、信息安全和运行管理等制度，制订信息化建设考核办法，将信息化建设纳入年度目标考核。要严格信息化建设、运行和维护等制度，主管部门要强化对信息化建设规章制度落实情况的督促检查，对违反规定的应责令其整改，对造成的严重后果的应追究其责任，保证住房城乡建设信息化依法有序健康发展。

四、多渠道筹措资金

信息化建设是一项高技术、高投入、高效能的现代化基础建设，需要充足的资金来购置硬件设备，开发软件系统，进行运行维护。资金保障是信息化建设的关键所在。要多渠道、多方位筹措信息化建设经费，避免因资金短缺，技术设备落后，造成信息化建设滞后。

一是要把信息化建设资金列入年度预算，并保持每年有一定比例增长，逐年增加信息化建设的投入。

二是要统筹安排项目建设资金，注重对软件开发、系统应用与示范工程的投资力度。

三是要规范和完善市场融资方式，发挥政府资金的引导作用，充分调动各类市场主体的积极性，鼓励和引导各类社会资金参与信息化项目建设，逐步形成由多种投融资渠道、多元投资主体构成的信息化投融资格局。

四是要充分利用信息化建设的市场属性，积极向社会提供各类信息增值服务，并采用滚动推进的方法，将所得资金投入到新的信息化项目建设中，使信息化建设步入良性循环的轨道，实现住房城乡建设信息化建设可持续发展。

五、培养复合型人才队伍

人才是第一资源，人才是信息化建设的关键，有了人才才能事半功倍。各级住房和城乡建设主管部门要确立以人为本的指导思想，从心底里尊重知识、尊重人才，坚持多渠道培养与高起点引进并举，加强专业技术人才队伍的培养，建设高素质、复合型、成梯次的信息化技术人才队伍，满足住房城乡建设快速发展对信息化人才的需要，把行业信息化建设工作落到实处。

一是要把信息化人才队伍建设纳入信息化建设整体规划，加大信息化专业人才的引进、培养、使用力度，在信息化建设实战中培训人才、锻炼人才。

二是要加强信息技术培训，经常选派人员参加各类信息技术培训，一方面要急用先训，满足当前，需要什么就培训什么，另一方面要着眼发展，突出重点，增加信息技术储备，加强对新信息技术的培训，为提升信息化水平奠定基础。

三是要建立灵活的专业技术人才激励机制，为专业技术人才发挥聪明才智创造良好条件，营造宽松环境，提供广阔平台，不断提高他们的积极性、创造性；制订吸引专业技术人才、培养专业技术人才、留住专业技术人才的办法，建立专业技术人才考评机制，鼓励专业技术人员参加国家认定的专业技术考试，实行专业能力、工作绩效与工资待遇挂钩，激励专业技术人员不断提高业务水平；开展信息化项目科技成果申报工作，为专业技术人员争取更多的荣誉，让作出贡献的专业技术人才有成就感、获得感。

四是要通过政府推动、企业为主、市场化运作相结合的方式，加大专业技术人才培养力度，进一步完善吸引专业技术人才、使用专业技术人才的政策措施，优化创业留人环境，努力形成一支适应不同层次需求，结构合理的信息技术人才队伍。

六、建立信息化标准规范

标准规范及制度建设是住房城乡建设行业信息化的重要组成部分，标准化是保障工程建设、系统正常运行的科学管理手段。住房城乡建设行业信息化，涉及业务具体、参与主体众多、系统架构复杂，建立科学的标准规范体系，是信息化建设技术协调一致，项目顺利实施，资源有效共享的重要保障。要坚持规划引领，需求导向，标准先行的原则，把标准规范体系建设，放在十分重要的位置抓好抓实。

一是建立精细化管理基础标准，从建设行业精细化管理的基础支撑入手，建设行业精细化管理中的基础共性标准规范。

二是建立城乡规划精细化管理技术标准，从履行城乡规划职责出发，结合建设行业的相关基础标准，对城乡规划相关的数据、流程、应用等全方面的内容进行制度化、标准化，确保城乡规划工作有序开展，并能和建设行业的整体应用紧密结合。

三是建立城乡建设精细化管理技术标准，从城市建设者和管理者的角度，遵循城市精细化管理的要求，结合建设行业相关基础标准，制定系统技术规范，保证信息化成果满足城市建设和管理需要。

四是与城乡建设精细化管理技术标准相配套，建立城乡建设动态监测技术标准。

五是建立建筑业精细化管理技术标准，从建筑市场监管需要，依照建设工程项目从规划到竣工的全生命周期路线，结合建设行业相关基础标准，制定相关的技术规范。

六是建立房地产精细化管理技术标准，从房地产市场管理的角度，以建筑设施（房屋）为管理对象，结合建设行业相关基础标准制定房地产市场监管系列标准。

七是建立空间信息承载服务平台技术标准，为建设行业信息资源实现数据空间化提供支撑。

各标准体系主要是：

一是住房城乡建设行业精细化管理基础标准。主要包括：建设领域信息技术应用基本术语标准、信息分类编码规则及基础信息分类编码标准、信息交换服务技术标准、信息共享服务技术标准、建设领域信息元数据标准、城市基础地理信息建库技术标准、城市建筑设施三维建模技术标准等相关标准。通过制定行业精细化管理基础标准，打造一个统一、规范、互通的建设行业信息化基础底层。

二是城乡规划精细化管理技术标准。主要包括：建立城乡规划精细化管理数据标准、城乡规划精细化管理流程标准、城乡规划信息化通用标准、城乡规划精细化管理应用开发标准等相关标准。通过制订城乡规划精细化管理技术标准，保障城乡规划相关信息化工作全面、规范的推进。

三是城乡建设精细化管理技术标准。主要包括：建立城市公用事业自动化系统工程、城市市政综合监管、城市园林绿化管理、风景名胜区监督管理、城乡防灾信息、城乡应急安全、城乡综合执法信息、城乡供水水质信息管理、城镇污水处理设施在线监管、城乡污水处理设施在线监管等信息系统技术规范。通过制订城乡建设精细化管理技术标准，保障相关信息系统建设有序、技术规范。

四是城乡建设动态监测技术标准。主要包括：建设城乡建设动态监测、城乡规划动态监测、风景名胜区保护监测、城市园林绿化监测、城市园林绿化监测、城乡建设目标灾害评估、城市建筑能耗监测等技术标准。通过制订城乡建设动态监测技术标准，规范城乡建设监测技术的发展。

五是建筑业精细化管理技术标准。主要包括：建设工程项目生命周期信息模型标准、建设工程项目监管、建筑业企业管理、建筑从业人员管理等数据标准，建筑工程项目监督管理、建筑工程质量安全监管、建筑工程质量检测、建筑市场信用信息、建筑工程交易信息、建筑工程造价信息管理等信息系统技术规范。通过制订建筑业精细化管理技术标准，规范建筑市场信息化系统建设，保障建设工程项目全生命周期管理档案思想的落实。

六是地产精细化管理技术标准。主要包括：房地产市场监测、房地产企业管理、房地产从业人员管理、房屋权属、住房公积金管理、房地产登记管理、全国住房公积金实时监控、房地产开发项目管理、房地产市场交易管理、产权产籍管理、房地产拆迁管理物业管理等标准规范。通过制订房地产精细化管理技术标准，保障开展建筑设施全生命周期管理档案工作的切入。

七是空间信息承载服务平台技术标准。主要包括：遥感数据流式处理、基础地理空间数据接入、业务数据序列化空间化、空间信息地理编码和处理等标准规范，空间信息数据和功能服务技术标准、空间信息共享目录和服务技术标准、空间信息承载服务平台数据交换格式标准、空间信息承载服务平台数据分发标准等。通过制订空间信息承载服务平台技术标准，规范建设行业信息资源的数字化、空间化、序列化过程。

七、强化信息网络安全

信息网络是信息资源开发利用和信息技术应用的基础，是信息传输、交换和共享的必要手段。只有建设先进的信息网络，才能充分发挥信息化的整体效益。要遵循信息网络设计原则，采用先进、成熟的主流技术组网方式，确保实用、高效、安全、可靠地运行环境；具备与互联网和广域网的多种连接方式，可与外部实现方便、快捷但安全的连接，为用户提供高速、大容量的服务平台；采用灵活的组网方式，采取有线局域网和无线局域网技术相结合的组网原则，使办公楼内部工作区域和公共营业区域没有网络盲区，并能够满足办公楼内部不同区域的应用要求；系统网络的内网和外网进行（物理）隔离；采用VLAN技术进行网络划分隔离。

在信息技术飞速发展的今天，黑客技术和计算机病毒在不断变化，其隐蔽性、跨域性、快速变化性和爆发性，使网络信息安全受到了前所未有的威胁。信息网络安全和信息化是相辅相成的，安全是发展的前提，发展是安全的保障，安全和发展要同步推进。信息网络安全是动态的、开放的、相对的和共同的。要确立技术安全和管理安全双轮驱动保障安全原则，在网络安全技术方面，力争做到"进不来，能预警，拿不走，打不开，读不懂，自销毁，会追踪，保证据"。要感知安全态势，加强安全检查，建立安全风险报告、情报共享和研判处置机制。要全面评估数据开放、系统互联带来的安全风险，落实信息安全等级保护制度，完善网络数据共享、利用等安全管理措施，推进省市县三级网络和信息安全通报体系建设。要深化网络安全防护、态势感知、信息通报、预警预防及应急处置能力建设，建立完善住房城乡建设行业网络与信息安全监测管理平台、数字证书身份认证系统。采用安全可信产品和服务，提升基础设施关键设备安全可靠水平。要加强 CA 数字证书在已建、新建网络和信息系统的应用，组织开展工程建设领域项目信息公开和诚信体系管理等重要信息系统的 CA 数字证书引入和应用工作。建立完善的安全管理流程，制定相应的安全策略，部署安全防护产品，加强安全管控平台建设，从管理措施和技术措施两个方面，加强对基础信息网络和电子政务系统的安全保护和监督管理，建立稳定可靠的安全运行环境。加强运维队伍建设，提升运维人员的技术和管理素质。

全面实施网络信息安全防范策略。一是技术层面。首先在网络的基础设施安全防范上，减少电磁辐射，传输线路做露天保护或埋于地下，无线传输应使用高可靠性的加密手段，并隐藏链接名。使用防火墙技术，控制不同网络或网络安全域之间信息的出入口，保护网络免遭黑客袭击。使用可信路由、专用网或采用路由隐藏技术。网络访问控制，访问控制是网络安全防范和保护的核心策略之一，包括入网、权限、目录级以及属性等多种控制手段。其次在软件类信息安全防范上，安装可信软件和操作系统补丁，定时升级，及时堵漏。应用数据加密技术，将明文转换成密文，防止非法用户理解原始数据。提高网络反病毒技术能力，使用杀毒软件并及时升级病毒库。对移动存储设备事前扫描和查杀。对网络服务器中的文件进行扫描和监测，加强访问权限的设置。在网络中，限制只能由服务器才允许执行的文件。使用入侵检测系统防止黑客入侵。一般分为基于网络和基于主机两种方式。还可以使用分布式、应用层、智能的入侵检测等手段，切实做好数据库的备份与恢复。二是人员层面，对人员进行安全教育，加强对计算机用户的安全教育、防止计算机犯罪。提高网络终端用户的安全意识。提醒用户不使用来历不明的 U 盘和程序，不随意下载网络可疑信息。对人员进行法制教育，主要进行计算机安全法、计算机犯罪法、保密法、数据保护法等教育，加强技术人员的安全知识培训。三是管理层面，建立安全管理制度。对重要部门和信息，严格做好开机查毒，及时备份数据。建立网络信息综合管理规章制度。包括人员管理、运维管理、控制管理、资料管理、机房管理、专机专用和严格分工等管理制度。建立安全培训制度。使安全培训制度化、经常化，不断强化技术人员和使用者的安全意识。

在保证网络信息安全过程中，技术是核心、人员是关键、管理是保障，要做到管理和技术并重，技术和措施结合，充分发挥人的作用，在法律和安全标准的约束下，确保网络信息的安全。要发挥技术的核心作用。不管是加密技术、反病毒技术、入侵检测技术、防火墙技术、安全扫描技术，还是数据的备份和恢复技术、硬件设施的防护技术等，都是做好网络信息安全防护的核心要素，技术支撑在网络安全防护体系中具有核心作用。要发挥人员的关键作用。人是安全的一部分。人的作用至关重要，不管是使用者，还是程序开发人员、技术维护人员，还是网络黑客，都是构建网络安全环境的关键因素，成也在人，败也在人。要发挥管理的保障作用。管理是不可缺失的，不论是技术上的管理，还是对人的管理，不论是技术规则，还是管理制度，都是网络信息安全的保障。很多安全漏洞都来源于管理的疏忽或者安全培训的缺失。

网络信息安全是一项复杂的系统工程，涉及人员、技术、设备、管理、制度和使用等多方面的因素，只有将人、技术和管理安全三要素的保障策略都结合起来，才能形成一个高效安全的网络信息系统。世上没有绝对安全，只要实时检测、实时响应、实时恢复、防治结合，做到人、技术和管理的和谐统一，目标一致，网络信息才能安全。

八、实施监督管理

建立和完善住房城乡建设信息化监督管理体制，建立职责清晰、分工明确的信息化推进组织体系。业务部门负责明确业务需求、指导实施和应用，信息化主管部门负责技术管控，并不断提升统筹推进信息化工作的能力。落实国家和省电子政务工程建设管理、项目绩效评价要求，规范住房城乡建设信息化建设项目管理，提高项目应用效能，提升政府投资决策水平和投资效益。在明确事权划分基础上，加快推进信息化工作跨层级、跨部门合作机制。

强化对省级信息化项目建设和资产管理，加强项目的前期论证，提高项目前期工作质量，切实提高投资效益。加强对部、省补助投资的行业信息化项目监管，完善相关管理办法，各市（州）每年应定期报告项目实施进展和补助资金的使用等情况，及时组织项目验收，并将验收结论报住房城乡建设厅备案。

建立使用国有资金的信息化项目建设过程的定期评估检查制度。省住房城乡建设系统信息化领导小组办公室，负责对全省住房城乡建设系统重点信息化项目的进度、质量、安全、成效等方面的检查和评估。每年制订信息化工作指导意见，明确信息化建设目标，把任务分解到具体单位，并加强指导和检查。建立的信息化工作考核机制，把信息化工作成果纳入年终目标考核。

参考文献

［1］薛学轩. 创新行政许可办理 推进网上申报审批［N］. 中国建设报，2010-02-23（007）.

［2］薛学轩. 创新行政许可办理方式 积极推进网上申报审批——对省级建设行业行政许可事项网上申报审批的思考［J］. 中国建设信息，2010（4）.

［3］薛学轩. 认真规划 积极探索［J］. 中国建设信息，2011（16）.

［4］陈桂龙. 薛学轩：探索行业信息化新路径［J］. 中国建设信息，2012（11）.

［5］薛学轩. 整合信息资源 强化服务功能——四川深入推进项目信息公开和诚信体系建设纪实［J］. 中国建设信息，2012（11）.

［6］薛学轩. 四川：涵盖全省，有机互联［J］. 中国建设信息，2014（1）.

［7］薛学轩. 工程建设领域信息平台建设实践［J］. 中国建设信息，2014（4）.

［8］薛学轩. 统一数据标准 充分整合资源 深入推进项目信息公开和诚信体系建设［C］//中国领导科学研究会. 求是先锋. 北京：中央文献出版社，2013.

［9］薛学轩. 项目信息公开和诚信体系管理信息平台建设的实践与思考［C］//四川西部文献编译研究中心. 科技创新与社会发展. 成都：四川师范大学电子出版社，2013.

［10］薛学轩. 工程建设领域项目信息公开和诚信体系管理信息平台的建设与应用［C］//中国梦的发展与探索. 北京：中国言实出版社，2014.

［11］张正贵，张明建. 全国首个省级数字城管平台通过验收，四川城市管理数字化迈出关键一步［N］. 中国建设报，2016-05-24（1）.

［12］薛学轩. "网事"好运来 四川拔"头彩"——全国首个省级建筑市场监管与诚信一体化工作平台通过验收［J］. 中国建设信息，2014（12）.

［13］薛学轩.基于多源异构数据的省域项目信息公开和诚信体系建设共享机制研究［J］.中国科技成果，2015（2）.

［14］薛学轩.工程建设领域信息平台建设实践［J］.中国建设信息，2014（2）.

［15］薛学轩.四川省建筑市场监管与诚信一体化平台的建设与探索［J］.中国建设信息化，2015（7）.

［16］薛学轩.基于系统共生的省域建筑市场监管信息化平台研究——以四川省建筑市场监管与诚信一体化工作平台为例［J］.四川建筑，2016（1）.

［17］陈桂龙.四川建设省级数字化监管平台——访四川省住房和城乡建设厅信息中心主任薛学轩［J］.中国建设信息化，2015（19）.

［18］冉先进，魏军林.省域建设工程项目信息化监管模式探索-四川省建筑市场监管与诚信一体化工作平台建设思路分析［J］.工程质量，2015（2）.

［19］冉先进，曾宏亮.建筑起重机械设备备案及实时监控系统设计与实现［J］.建筑机械，2015（12）.

［20］温敏，魏军林，李海蓉.GIS在世行贷款汶川地震灾后重建项目管理中的应用［C］//2011年SuperMap GIS技术大会论文集.2011.

［21］四川省工程建设地方标准：四川省房屋建筑与市政基础设施建设项目管理基础数据标准：DBJ 51/T029-2014［S］.成都：西南交通大学出版社，2014.

［22］四川省工程建设地方标准：四川省工程建设从业企业资源信息数据标准：DBJ 51/T030-2014［S］.成都：西南交通大学出版社，2014.

［23］四川省工程建设地方标准：四川省工程建设从业人员资源信息数据标准：DBJ 51/T028-2014［S］.成都：西南交通大学出版社，2014.

［24］赖明.建设事业电子政务和信息化［M］.北京：中国建筑工业出版社，2003.

［25］赖明，王要武.建设领域信息化标准体系［M］.北京：中国建筑工业出版社，2003.

［26］建筑业信息化关键技术研究与应用项目组.建筑业信息化关键技术研究与应用［M］.北京：中国建筑工业出版社，2013.

［27］赖明，张国成.城市数字化工程［M］.北京：中国城市出版社，2006.

［28］维克托·迈尔-舍恩伯格，肯尼思·库克耶.大数据时代 生活、工作与思维的大变革［M］.盛杨燕，周涛，译.杭州：浙江人民出版社，2013.

[29] 方创林. 中国城镇产业布局分析与决策支持系统 [M]. 北京：科学出版社，2011.

[30] 姚永龄，哈尔·G. 里德. GIS 在城市管理中的应用 [M]. 北京：中国人民大学出版社，2005.

[31] 魏军林. WebGIS 应用系统软件设计研究——以成都市供水管网 Internet 查询统计系统为例 [D]. 北京：中国科学院，2000.

[32] 贺寿昌. 探索上海城市信息化 [M]. 上海：上海文化出版社，2005.

[33] 王卫国，间国年，王爱萍，等. 电子政务系统 [M]. 北京：科学出版社，2007.

[34] 田景熙，洪琢. 电子政务信息系统规划与建设 [M]. 北京：人民邮电出版社，2010.

[35] 潘懋，金江军，承继成. 城市信息化方法与实践 [M]. 北京：电子工业出版社，2006.

[36] 王宏伟，尧传华，罗成. 基于空间信息的小城镇规划、建设与管理决策支持系统 [M]. 北京：中国城市出版社，2004.

[37] 杜鹰. 国家空间信息基础设施发展规划研究 [M]. 北京：科学出版社，2007.

[38] 雷玉堂. 安防 & 物联网　物联网智能安防系统实现方案 [M]. 北京：电子工业出版社，2014.

[39] 潘国辉. 安防天下 2　智能高清视频监控原理精解与最佳实践 [M]. 北京：清华大学出版社，2014.

[40] 梁笃国，张艳霞，曹宁，孙军涛. 网络视频监控技术与智能应用 [M]. 北京：人民邮电出版社，2013.

[41] Gordon S. Linoff, Michael J. A. Berry. 数据挖掘技术 [M]. 巢文涵，张小明，王芳，译. 北京：清华大学出版社，2013.

[42] 张海藩. 软件工程导论 [M]. 6 版. 北京：清华大学出版社，2013.

[43] 范玉顺. 工作流管理技术基础 [M]. 北京：清华大学出版社，2001.

[44] 王勇，刘晓辉. 网络系统集成与工程设计 [M]. 3 版. 北京：科学出版社，2011.

[45] 宁津生，陈俊勇，李德仁，等. 测绘学概论 [M]. 2 版. 武汉：武汉大学出版社，2008.

院 士 评 价

　　四川省住房和城乡建设厅信息中心通过梳理和再造全省工程建设业务流程，全面分析工程建设信息来源、交互方式，采用工作流、3S、Web2.0、视频、物联网、RFID、SCADA、3G、呼叫中心等技术，建成和运行了全省统一、省、市、县通用的"四川省工程建设领域项目信息公开和诚信体系管理信息平台"。

　　该平台以建设工程项目为主线、从业企业为主体、从业人员为支撑、信用评价为手段，省、市、县三级联动，实现了系统共生、数据同源、信息共享，对省域工程项目进行全生命周期管理；实现了工程项目、从业企业资质、从业人员资格、行政审批、市场监管、公共服务等工作的网上办理；实现了工程项目、从业企业、从业人员、市场行为等信息的网上实时发布与查询；实现了工程项目、从业企业和从业人员及信用数据的集中管理和动态联动；实现了省域工程建设项目施工现场、管理人员、施工人员和工程机械的可视化管理，从业企业、从业人员市场行为的动态评价；实现了全省工程建设领域各类数据的关联和挖掘分析，为省域工程建设项目信息公开和企业诚信体系建设提供了强有力的支撑，并进行了成功的应用。

　　该平台设计合理，功能齐全；省域工程建设管理系统共生、数据同源、信息共享的做法全国首创，达到国际先进水平。建议申报科技进步奖，在全国推广应用。

中国工程院院士　崔俊芝

2014年6月10日

院 士 评 价

　　四川省住房和城乡建设厅信息中心统一规划设计，统一数据标准，建设省市县三级通用的"四川省工程建设领域项目信息公开和诚信体系管理信息平台"。该平台采用数据总线可扩充结构设计，应用工作流、3S、Web2.0、视频、物联网、RFID、SCADA、3G、呼叫中心等信息技术建设运行。省域工程项目数据，通过在线处理、离线处理后，采用ETL技术上报，实时收集、审核、发布工程项目的结构化、非结构化、空间等数据，集中管理海量的实时的工程项目、从业企业和从业人员数据，形成全省统一的工程项目、从业企业、从业人员及市场行为数据库，做到系统共生、数据同源，实现各类数据的无缝共享。

　　该平台集省域住房城乡建设业务办理、网上申报、网上审批、项目管理、市场监管、信用评价、咨询服务、信息发布等应用于一体，实时采集基础信息、动态信息、关联信息，实现了省、市、县工程建设管理、从业企业管理、从业人员管理的纵向到底、横向到边的信息联动；实现了全省工程项目、从业企业、从业人员及信用信息的实时纵向汇聚与传递、横向交换与共享；形成了全省统一的从业企业、从业人员、工程项目、信用评价和公共资源5大基础数据库；形成了以工程项目为主线、从业企业为主体、从业人员为支撑、信用评价为手段的省域全生命周期住房城乡建设管理信息平台。

　　难能可贵的是该平台省市县三级联动，做到了系统共生、数据同源，实现了各类数据的实时纵向汇聚与传递、横向交换与共享，国内首创，达到了国际先进水平，具有广阔的应用前景。建议申报科技进步奖，在全国广泛推广应用。

中国工程院院士　刘先林

2014年6月12日

笔者和中国工程院院士崔俊芝（右）合影

笔者和中国工程院院士刘先林（左）合影

四川省科学技术进步奖
证　书

为表彰四川省科学技术进步奖获得者，特颁发此证书。

奖励类别： 科技进步类

项目名称： 四川省工程建设领域项目信息公开和诚信体系管理信息平台

奖励等级： 二　等

获 奖 者： 薛学轩

四川省人民政府

2015 年 3 月

证书号： 2014-J-2-21-R01

四川省科学技术成果完成者

证　书

您参与完成的科学技术成果项
目，按规定要求，登记手续已办理
完毕，特发此证。

证书编号：（ 00010578 ）

项目名称：四川省工程建设领域项目信息公开和诚
信体系管理平台

完成者：薛学轩 （第　壹　完成人）

完成单位：四川省住房和城乡建设厅信息中心

省登记号：9512014Y1243

登记日期：2014 年 6 月 9 日

四川省科学技术厅

证书编号：(001A099)

项 目 名 称：四川省城乡环境综合治理数字化监督平台

作　　　者：薛学轩（第壹完成人）

完 成 单 位：四川省建设科技发展中心
　　　　　　（四川省住房和城乡建设厅信息中心）

省 登 记 号：9512016Y1626

登 记 日 期：2016 年 5 月 27 日

四川省科学技术成果完成者

证 书

您参与完成的科学技术成果项目，按规定要求，登记手续已办理完毕，特发此证。

住房和城乡建设部科学技术计划项目

示范工程

项目名称 四川省工程建设领域项目信息公开和诚信体系管理平台

承托单位 四川省住房和城乡建设厅信息中心

证书编号 建科验字【2012】第240号

住房和城乡建设部建筑节能与科技司

二〇一二年十二月十九日

2012年度住房城乡建设领域应用软件测评

优 秀 软 件

二零一三年四月一日

软件名称：四川省工程建设领域项目信息公开和诚信体系管理平台

版 本 号：V1.0

开发单位：四川省住房和城乡建设厅信息中心

证 书

四川省住房和城乡建设厅信息中心：

你单位的"四川省工程建设领域项目信息公开和诚信体系管理平台V1.0"，通过由我中心组织的2012年度住房城乡建设领域应用软件测评。

特颁此证。

证书编号：建测评字 2012 第 020 号

查询网址：www.d-city.com.cn

（本证书与住房和城乡建设部信息中心测评报告共同使用有效）

住房和城乡建设部信息中心

二〇一二年九月二十七日

科学技术成果证书

登记号 333201330063

经审查核实"四川省工程建设项目信息公开和诚信体系管理平台"被确认为住房和城乡建设部科学技术成果，特发此证。

完成单位：四川省住房和城乡建设厅信息中心

发证机关：亚太建设科技信息研究院
（原建设部科技信息研究所）

发证日期：2013 年 12 月 23 日

证 书

贵单位四川省住房和城乡建设厅城乡环境综合治理数字化监督平台项目荣获2015中国地理信息产业优秀工程金奖。

特颁此证，以资鼓励。

工程业主单位：四川省住房和城乡建设厅

工程承建单位：四川省住房和城乡建设厅信息中心
北京数字政通科技股份有限公司

二〇一五年十一月